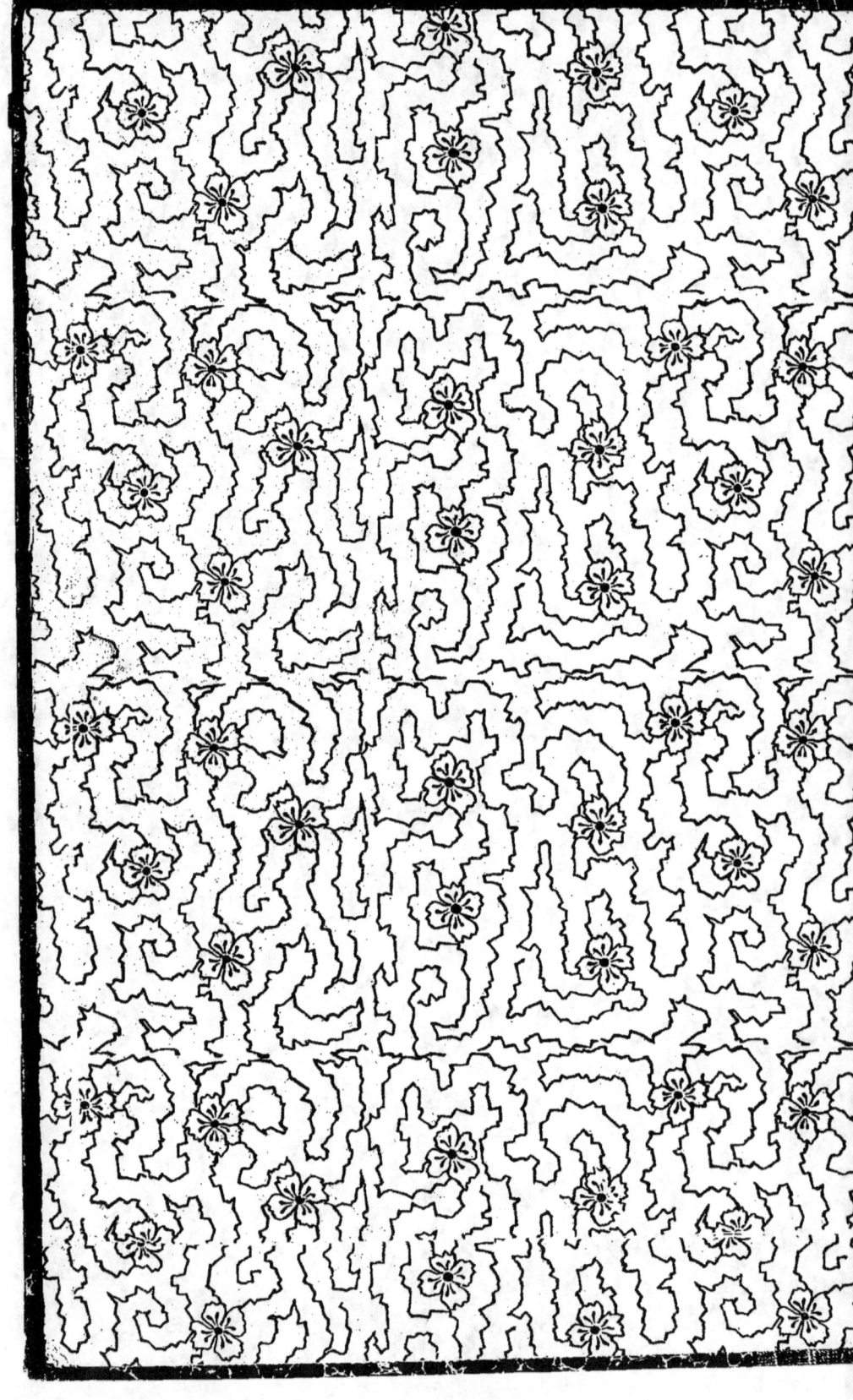

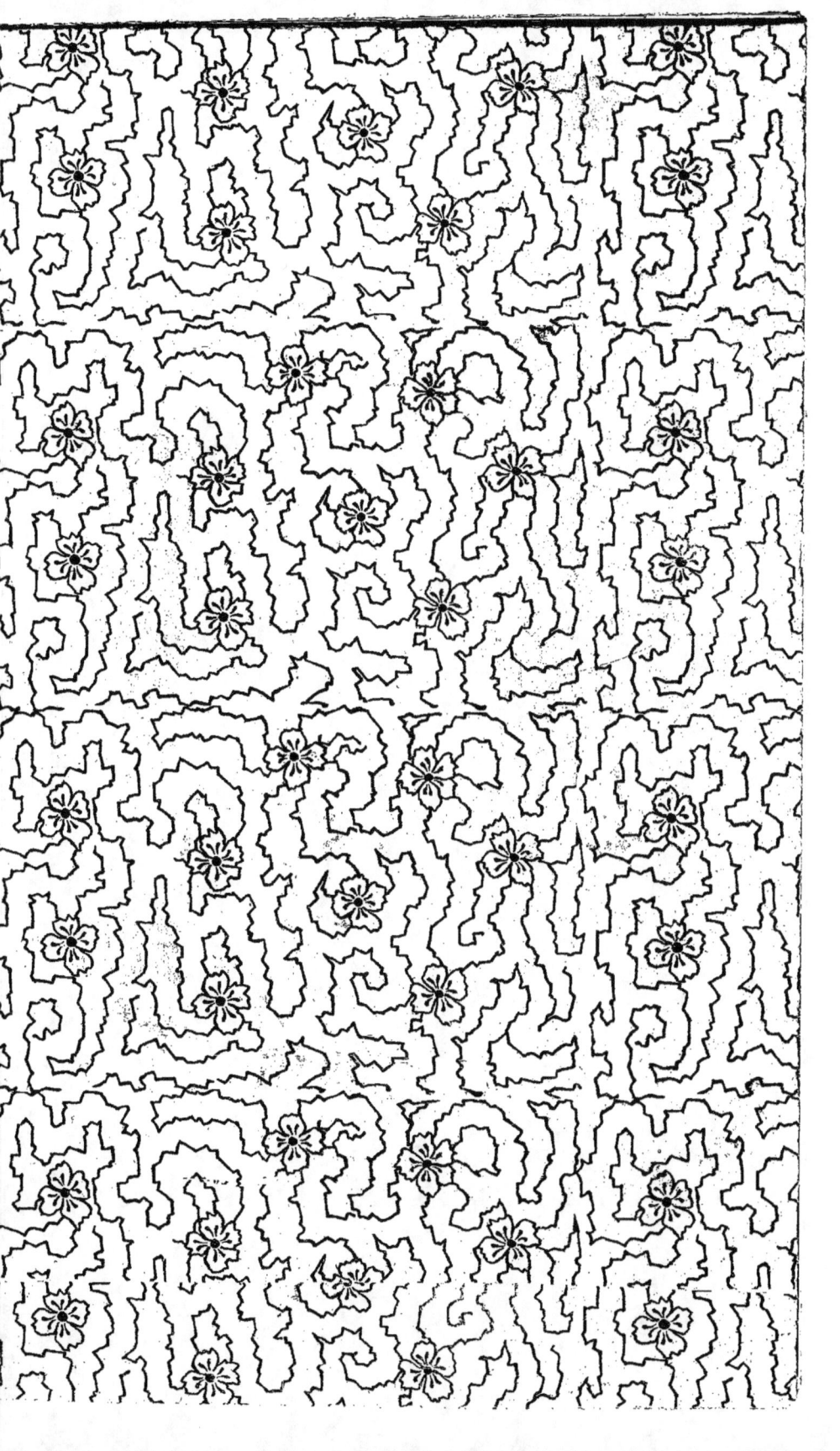

EXPOSÉ

DES

TITRES ET TRAVAUX SCIENTIFIQUES

DU

D' J. POTOCKI

G. STEINHEIL, Éditeur.

EXPOSÉ

DES

TITRES ET TRAVAUX SCIENTIFIQUES

DU

Dr J. POTOCKI

PARIS

G. STEINHEIL, ÉDITEUR

2, RUE CASIMIR-DELAVIGNE, 2

1898

TITRES SCIENTIFIQUES

1878. Licencié ès-sciences physiques.

1880. Externe des hôpitaux.

1882. Interne provisoire des hôpitaux.

1883. Interne titulaire des hôpitaux.

1884. Interne à la Maternité de Lariboisière.

1887. Interne à la Maternité.

1888. Docteur en médecine.

1888. Lauréat de la Faculté de médecine (médaille d'argent).

1890. Chef de clinique d'accouchements.

1892 et 1895. Admissible aux épreuves définitives du concours d'agrégation.

1896. Accoucheur des hôpitaux.

1898. Accoucheur-adjoint de la Maternité.

ENSEIGNEMENT

1885 et 1886. Moniteur de manœuvres obstétricales à la Faculté.

1887. Cours d'anatomie, physiologie et pathologie aux élèves sages-femmes de la Maternité.

1888 et 1889. Cours théorique d'accouchements professé à l'Amphithéâtre de l'Association des étudiants.

1891 à 1898. Cours théorique et pratique d'accouchements professé à la Clinique Baudelocque, en qualité de répétiteur.

PUBLICATION DIDACTIQUE

De l'asepsie et de l'antisepsie en obstétrique, par S. Tarnier.

Leçons professées à la Clinique d'accouchements, recueillies et rédigées par le Dr J. Potocki. Paris, 1894, un vol. in-8º de 839 pages.

Mon regretté maître, M. le professeur Tarnier, dont je salue ici respectueusement la mémoire, a bien voulu me charger de rédiger les leçons qu'il a professées à la Clinique d'accouchements sur l'asepsie et l'antisepsie obstétricales. Devenir le collaborateur d'un tel maître était pour moi un honneur inespéré dont j'ai voulu me rendre digne en cherchant à faire bien.

J'ai porté tous mes soins à la rédaction de ces leçons, n'abandonnant rien au hasard, vérifiant scrupuleusement les indications bibliographiques, et me reportant toujours aux mémoires et livres originaux, afin de reproduire exactement les opinions attribuées aux différents auteurs cités dans le texte.

L'exactitude dans le fond, la clarté dans la forme, ont été l'objet de ma constante préoccupation : ce sont là, en effet, les premières qualités que le lecteur compte trouver dans un traité didactique.

TRAVAUX ORIGINAUX

I. — **De l'opération césarienne et en particulier de l'opération césarienne avec double suture de l'utérus par la méthode de Sänger.** (*Annales de gynécologie*, mars, avril, mai, juin 1886.)

Dans ce travail, je fis connaître en France le mouvement d'opinion qui venait de se dessiner dans le monde obstétrical allemand en faveur de l'opération césarienne classique.

Jusqu'en 1876 on n'avait guère recours à l'opération césarienne qu'en dernier ressort, c'est-à-dire après avoir épuisé toutes les ressources de l'arsenal obstétrical. Pareille conduite était d'ailleurs justifiée par la gravité extrême de cette opération qui, quelles que fussent les conditions dans lesquelles se trouvait la parturiente au moment de l'intervention, entraînait presque fatalement la mort.

Les choses changèrent quand Porro eut imaginé de faire suivre la section césarienne de l'amputation de l'utérus et des ovaires ; dans l'esprit de l'accoucheur de Pavie, en effet, la suppression de la plaie utérine devait amener la disparition des accidents inflammatoires et des hémorrhagies dont cette plaie était regardée comme la cause première. L'opération nouvelle fut accueillie avec enthousiasme et pratiquée à l'exclusion de l'opération césarienne classique par la plupart des accoucheurs : en France, en particulier par le professeur Tarnier qui obtint, en mars 1879, le premier succès enregistré à Paris depuis 1787 à la suite de l'opération césarienne, et M. Pinard, en 1879, consacra un très important mémoire à la description de l'opération de Porro dont il se déclarait, déjà à cette époque, partisan résolu.

Malheureusement, les espérances qu'on avait fondées sur la nouvelle opération ne se justifièrent pas, les insuccès se multiplièrent et bientôt les statistiques, toujours trop optimistes pourtant, donnèrent un chiffre de mortalité d'environ 50 p. 100. Dès lors, la réprobation qui s'attachait à l'opération césarienne classique fut partagée par l'opération rivale, et de nouveau les accoucheurs dirigèrent leurs regards avec plus de complaisance vers les moyens de réduction de la tête fœtale. Quant à la symphyséotomie, pratiquée seulement à Naples, il semblait qu'il ne dût plus en être question.

Les choses en étaient là, lorsqu'en 1882 Sänger, alors privadocent à Leipzig, publia un long mémoire dans lequel il mit en parallèle l'opération césarienne classique et l'opération de Porro, et s'attacha à montrer les inconvénients de cette dernière opération. Il fit voir qu'on pouvait apporter à l'opération césarienne conservatrice de grands perfectionnements et s'efforça surtout de faire ressortir les avantages d'une bonne suture de la plaie utérine ; à son avis, l'utérus ne doit pas se comporter autrement que les viscères creux (estomac, vessie) dont la suture fournissait déjà à cette époque d'excellents résultats. Mais il recommande, en outre, de se conduire dans le cours d'une opération césarienne comme on le fait dans toute laparotomie, c'est-à-dire en observant une antisepsie rigoureuse, etc... Grâce à l'antisepsie, dit-il, on peut compter, après avoir suturé l'utérus, sur une réunion par première intention de la plaie utérine, sur la tolérance parfaite de l'organisme vis-à-vis des fils abandonnés dans le ventre, sur un isolement immédiat de la cavité utérine et de la cavité péritonéale, de telle sorte que si, plus tard, la muqueuse utérine vient à s'infecter, du moins l'infection ne sera pas transmise au péritoine.

L'opération césarienne classique, réhabilitée et perfectionnée par Sänger, fut rapidement adoptée par les accoucheurs qui avaient plus ou moins abandonné l'opération de Porro. Dans les pays de langue allemande, les opérations pratiquées d'après le nouveau procédé se multiplièrent et, à la fin de l'année 1885, dans un voyage en Allemagne, je fus véritablement surpris des bons résultats obtenus. Aussi, à mon retour en France, je crus utile de faire connaître chez nous l'opération nouvelle sur laquelle d'ailleurs presque rien n'avait encore été écrit : tel fut l'objet de ce mémoire.

Mais pour mieux faire comprendre l'importance des nouvelles acquisitions relatives à l'opération césarienne, j'en ai fait précéder l'exposé d'une étude historique des multiples procédés d'opération césarienne. Dans cette étude, j'ai adopté un ordre nouveau, en ce sens qu'à propos de chacun des temps de l'opération, j'ai indiqué les particularités de chaque procédé au lieu de décrire ceux-ci les uns après les autres. On se rend mieux compte ainsi de l'évolution qui s'est produite dans la technique.

J'ai donc étudié les modifications qui ont été apportées dans chacun des temps de l'opération que je divise de la façon suivante :

1° Les préparatifs de l'opération.
2° Le moment auquel elle doit être pratiquée.
3° L'anesthésie.
4° L'incision de la paroi abdominale.
5° Les moyens employés pour empêcher le passage dans le péritoine du sang et du liquide amniotique qui s'échappent pendant la section.
6° L'incision de l'utérus.
7° L'extraction du fœtus, du placenta et des membranes.
8° Le traitement de la plaie utérine.
9° La toilette du péritoine.
10° Le traitement de la plaie abdominale.
11° Le traitement des suites de couches.

Cet ordre a du reste été jugé bon, puisqu'il a été adopté depuis par tous ceux qui se sont occupés de l'opération césarienne.

Enfin pour justifier mes appréciations, je terminai par la relation des 26 opérations césariennes pratiquées jusque-là d'après le procédé de Sänger. Sur 26 opérées, il y avait eu 19 succès et 7 morts, soit une mortalité de 26,9 p. 100 ; sur 26 enfants, 23 naquirent vivants, 3 furent extraits morts.

Ces chiffres étaient déjà très éloquents, mais en réunissant les deux statistiques de Sänger et de Léopold on obtenait des résultats bien plus surprenants encore, et presque incroyables pour l'époque, puisque, sur 16 opérées, 15 guérirent et que tous les enfants naquirent vivants !

J'ajoutai qu'on ne saurait objecter les conditions favorables que ces auteurs ont choisies pour opérer, car c'est dans des conditions semblables qu'il faudrait toujours entreprendre la section césarienne. A quoi sert d'attendre que la femme soit épuisée, pourquoi l'examiner incessamment pour suivre les progrès du travail, quand on se trouve dans la nécessité d'extraire le fœtus par le ventre ? Depuis longtemps on sait que les succès sont en raison directe de la précocité de l'intervention. Un grand nombre de ces opérations couronnées de succès avaient été faites, il est vrai, dans des cas de rétrécissements du bassin passibles de la crâniotomie ; mais je fais remarquer que le degré du rétrécissement ne peut avoir aucune influence sur le résultat d'une opération où il n'entre que comme facteur d'indication. Que l'on opère pour un rétrécissement de 5 centim. ou un rétrécissement de 7 centim., il ne nous semble pas que la plaie utérine doive se comporter différemment.

L'opération, dis-je en concluant, a donné de bons résultats dans des cas d'indication relative ; il n'y a aucune raison pour qu'il n'en soit pas de même alors qu'il s'agira d'une indication absolue à la section césarienne. C'est dire que chaque accoucheur est en droit d'attendre des succès aussi grands que les précédents, si, en adoptant la double suture de l'utérus, il consent à opérer :

1° Au début du travail ;

2° Après des examens aussi rares que possible ;

3° En observant une antisepsie rigoureuse.

II. — **Technique de l'opération césarienne moderne.** (*Annales de gynécologie*, décembre 1889, février et mars 1890.)

Dans un autre mémoire, j'ai décrit complètement et en détail, le manuel opératoire de l'opération césarienne suivie de la suture de l'utérus (modification de Sänger), et de l'opération césarienne suivie de l'amputation utéro-ovarique (opération de Porro). A dessein, j'ai laissé tout historique de côté. De plus, je n'ai donné aucune variante opératoire, me contentant de décrire une opération modèle. C'est, il me semble, la meilleure façon de procéder pour éviter les confusions et apporter de la clarté dans une description quelquefois compliquée. Pour avoir servi d'aide principal dans une vingtaine d'opérations césariennes et en avoir pratiqué trois moi-même, j'ai acquis, je crois, une expérience suffisante de cette opération pour être autorisé à avoir une opinion personnelle relativement à sa technique. C'est le résultat de cette expérience qu'on trouvera exposé dans mon mémoire.

Je me suis efforcé de guider, pour ainsi dire pas à pas, l'opérateur qui exécute l'opération césarienne, de telle sorte qu'un médecin, même non familiarisé avec la chirurgie abdominale, puisse mener à bien cette opération s'il s'astreint à suivre très exactement ma description. J'ai signalé, chemin faisant, toutes les complications qui peuvent survenir et j'ai indiqué en même temps les moyens de les prévenir et de les combattre.

Ce travail comprend deux parties distinctes : les préparatifs de l'opération, le manuel opératoire proprement dit. Les préparatifs sont évidemment communs à l'opération césarienne et aux autres opérations abdominales et, en l'espèce, j'aurais pu les passer sous silence ; mais j'ai cru utile de les exposer, car bien des médecins, appelés à pratiquer d'urgence l'opération césarienne, pourraient, s'ils ne disposaient pas d'un guide, en oublier quelques points importants. J'ai décrit une technique aussi simplifiée que possible et j'ai montré qu'il est facile d'opérer même en ne disposant que de deux aides : un premier aide exercé, pour l'assistance directe, et un second aide, pour le chloroforme.

On peut procéder à l'opération césarienne dans deux conditions différentes : pendant le travail ou pendant la grossesse. Si l'on est libre de choisir, on peut ou attendre que le travail soit établi, comme le fait la majorité des accoucheurs, ou opérer avant le début du travail. Cette question importe peu, quand on doit pratiquer l'opération de Porro ; elle mérite, au contraire, examen, si on conserve l'utérus.

On a pensé qu'en attendant l'établissement du travail, on aurait l'avantage d'opérer sur un utérus qui se contractera bien après l'opération, ce qui éviterait, dans une certaine mesure, les hémorrhagies par inertie utérine. Mais l'opération pratiquée avant le début du travail présente aussi des avantages ; on l'exécute, en effet, à jour et à heure fixes, en se plaçant dans les meilleures conditions possibles d'assistance, de lumière, etc., comme pour une laparotomie gynécologique. Quant à la rétractilité et à la contractilité plus grandes de l'utérus parturient, elles sont probables à priori, mais il ne semble pas qu'elles aient autant d'importance qu'on l'a dit et, sans me prononcer catégoriquement, je dis cependant qu'on peut opérer pendant la grossesse ou pendant le travail, pourvu qu'on ne néglige aucun des soins préliminaires.

Dans la description de l'opération césarienne classique, j'ai porté surtout mon attention sur l'*hémorrhagie*, qui est la complication opératoire la plus importante et celle qui trouble le plus l'opérateur. L'hémorrhagie peut survenir dans deux temps de l'opération : 1° pendant ou immédiatement après l'incision de l'utérus, 2° après l'application des sutures ; elle a d'ailleurs deux origines : la plaie utérine, la surface d'insertion placentaire.

Jamais, contre ces hémorrhagies, on ne doit recourir à la forcipressure ; il faut, au contraire, sans s'occuper de la perte de sang, procéder avec la plus grande rapidité à l'extraction du fœtus et de l'arrière-faix, afin de permettre à « l'utérus de revenir sur luimême, de se rétracter et de se contracter sans obstacle, de façon à ce qu'il puisse produire lui-même son hémostase ». La plaie césarienne de l'utérus est une *plaie obstétricale*, c'est-à-dire une plaie dont les lèvres en se contractant, ferment elles-mêmes leurs vaisseaux, les faisceaux musculaires agissant comme de véritables ligatures vivantes, suivant l'expression si juste et si pittoresque du professeur Pinard. L'hémorrhagie, qui a sa source dans la surface d'insertion placentaire, n'exige pas non plus d'autre traitement que celui qui est employé dans les accouchements par les voies naturelles : l'évacuation du contenu de l'utérus, l'excitation de l'utérus par le massage et la chaleur en feront les frais. Mais comme l'hémorrhagie peut être très forte, il est nécessaire d'y pouvoir parer rapidement, et à cet effet, je recommande de placer sur le pédicule de l'utérus, avant l'incision de l'organe, un lien élastique qu'on laissera lâche si tout se passe bien, mais qu'on serrera s'il se produit une hémorrhagie trop abondante. Il ne serait pas bon de serrer ce lien élastique trop tôt, c'est-à-dire avant la section de l'utérus, car on s'exposerait à voir succomber le fœtus, ni trop fortement, car une constriction énergique déterminerait la paralysie de l'utérus et occasionnerait des inerties et des hémorrhagies secondaires.

Les hémorrhagies qui se produisent après l'application des sutures proviennent ordinairement de la surface d'insertion placentaire et sont liées à l'inertie utérine. On les évite, dans une certaine mesure, en pratiquant, dès le début de l'opération, une injection hypodermique d'ergotine. D'ailleurs des manœuvres assez simples en rendent maître, mais quelquefois l'abondance de l'hémorrhagie et l'impossibilité de vaincre l'inertie utérine forceront à amputer l'utérus au-dessus du lien élastique, qui sera alors fortement serré. « L'opération qui était une opération conservatrice au début, devient, par le fait d'une complication, une opération radicale. »

Les sutures seront faites sans résection musculaire ni dissection du péritoine, car l'affrontement des lèvres et bords de la plaie est très facile, quand on fait des sutures profondes assez nombreuses ; elles ne doivent pas être éloignées de plus de 1 centimètre ; on prendra soin de passer le fil dans toute l'épaisseur de la paroi utérine. Pour les sutures profondes, on emploiera du fil de soie fort, pour les sutures superficielles, de la soie fine. Ces dernières sutures, comprenant seulement le péritoine et un peu de la couche musculaire sous-jacente, adosseront les deux surfaces séreuses voisines qui, rapidement réunies, isoleront la plaie utérine de la cavité péritonéale ; elles sont, par conséquent, absolument indispensables, quoique l'adossement presque parfait des séreuses, observé dans certains cas après l'application des sutures profondes, invite, pour ainsi dire, l'opérateur à se dispenser des sutures superficielles qui lui paraissent superflues.

J'ai insisté particulièrement sur le traitement des suite des couches et je recommande une intervention chirurgicale dans les cas graves. Je dis, en effet, que si les suites opératoires sont pathologiques, s'il y a des phénomènes de péritonite, par exemple, il est nécessaire de se rappeler que ces accidents peuvent être dus à une infection ou à une hémorrhagie. Par conséquent, après avoir traité ces complications par les procédés ordinaires, il ne faut pas rester simple spectateur, il faut ouvrir à nouveau le ventre et agir ensuite suivant les circonstances.

« On devrait donc ne pas reculer devant la nécessité de combattre directement la péritonite puerpérale elle-même, et pour cela il n'y a qu'un moyen véritablement efficace, le lavage et la toilette du péritoine, suivis du drainage de la cavité abdominale. Il suffit de couper quelques fils de suture vers la partie inférieure de la plaie, pour ouvrir la cavité abdominale et la rendre accessible.

« On serait autorisé encore dans certains cas à agir avec plus d'énergie, et si à l'examen on reconnaissait que l'utérus est lui-même fortement atteint, qu'il y a de la métrite septique, de la suppuration au niveau des trajets des fils, il ne faudrait pas hésiter à pratiquer *l'amputation* de l'utérus. C'est la seule chance qu'on ait de sauver la femme vouée à une mort certaine. N'a-t-on pas vu Olshausen pratiquer avec succès l'ablation de l'utérus chez une femme qui était déjà atteinte de péritonite et dans l'utérus de laquelle se putréfiait le placenta de l'avortement ?

« Une autre complication locale peut encore survenir quelques jours après l'opération, c'est une hémorrhagie intra-péritonéale provenant de la portion de plaie utérine qui bâille dans l'intervalle de deux sutures. Dans un cas de Léopold, cette hémorrhagie s'est terminée fatalement. Elle n'a été reconnue qu'à l'autopsie, car on pensait à une péritonite. Si on avait songé à la possibilité d'une hémorrhagie, et si on avait ouvert la plaie abdominale, pour examiner l'utérus et le péritoine *de visu*, on aurait trouvé la cause de l'hémorrhagie, et une nouvelle suture superficielle appliquée à l'utérus, en aurait rendu maître immédiatement ; la femme eût probablement été sauvée par cette intervention.

« *Lors donc que l'état de l'opérée inspire de sérieuses inquiétudes, il serait prudent d'ouvrir la plaie abdominale et d'examiner directement l'utérus et le péritoine, pour les traiter comme il convient.* »

On n'avait pas encore, à l'époque, conseillé une pratique aussi active dans les accidents des suites de couches, mais aujourd'hui cette pratique semble réunir un nombre d'adhérents de plus en plus grand.

Relativement à l'opération de Porro, je dis qu'à mon avis elle doit être considérée comme une opération de nécessité, l'opération césarienne avec suture restant l'opération de choix. On amputera donc l'utérus quand, le travail durant depuis longtemps, les membranes sont rompues, le liquide amniotique fétide..., ou quand il y a cancer du col avec ichor septique, fibrome dégénéré... En supprimant l'utérus, principal foyer septique, on remplit donc une indication urgente. Le grand mérite de Porro est précisément d'avoir établi que par l'ablation de l'utérus on empêche l'infection qui a sa source dans le corps de l'organe.

Dans l'opération de Porro, il est nécessaire de faire sortir hors du ventre l'utérus avant de l'inciser, comme le recommande Müller, pour éviter le passage des liquides septiques dans le péritoine. Je recommande le traitement extra-péritonéal du pédicule, d'exécution plus rapide et plus facile, et qui donne plus de sécurité.

Aujourd'hui je serais très disposé à remplacer dans la majorité des cas l'opération césarienne conservatrice par l'opération de Porro.

III. — **Des méthodes d'embryotomie et des présentations de l'épaule négligées. — Des instruments destinés à pratiquer l'embryotomie rachidienne et en particulier de l'embryotome rachidien du professeur Tarnier.** (*Thèse de Doctorat,* 1888.)

Ce travail est divisé en trois parties qui constituent à proprement parler trois mémoires :

1re Partie. — *Des présentations de l'épaule négligées et de leurs divers modes de traitement.*

Toutes les fois que, pour une cause ou pour une autre, le fœtus se présentant par l'épaule, la version pelvienne n'a pas été pratiquée ou n'a pu être pratiquée en temps opportun, on voit survenir deux complications qui rendent impossible dorénavant la transformation de cette présentation, ce sont : l'engagement de plus en plus profond de l'épaule et la rétraction de l'utérus.

Ces complications graves du travail peuvent être le fait ou de la négligence de la parturiente qui vient demander trop tardivement le secours de l'art, ou de l'incurie autant que de l'ignorance du médecin ou de la sage-femme, qui n'ont pas transformé à temps la présentation transversale en présentation longitudinale. Elles peuvent encore être causées par une intervention obstétricale maladroite, intempestive, d'où les qualificatifs de présentations de l'épaule négligées, abandonnées à elles-mêmes, mal traitées, ou encore irréductibles. J'ai adopté le terme de présentations de l'épaule *négligées*, dans lequel je fais rentrer tous les cas de présentations du tronc qui ne sont plus passibles de la version, et qui nécessitent d'autres modes d'intervention.

Car l'intervention est nécessaire ; aujourd'hui, en effet, il est admis par tous les accoucheurs, que si l'accouchement par l'épaule a lieu quelquefois spontanément (fœtus petit, fœtus macéré), on ne peut et on ne doit pas compter sur cette terminaison spontanée, quand l'enfant est à terme et bien développé, car cela serait exposer la femme aux dangers si graves de la rupture de l'utérus, de la putréfaction du fœtus et de la septicémie.

L'expulsion du fœtus par les seuls efforts de la nature peut cependant avoir lieu sans changement de présentation par l'un des mécanismes suivants : 1° par évolution spontanée, avec rotation de la tête, soit en avant au-dessus du pubis (mécanisme ordinaire), soit en arrière au-dessus du promontoire, ainsi que Velpeau en avait signalé des exemples, et ainsi qu'on peut le voir dans l'observation XVII ; 2° le fœtus restant plié en double, *conduplicato corpore*, et dans ce cas l'expulsion peut se faire de trois façons différentes qui sont à peine signalées dans les classiques : le siège et la tête, placés l'un contre l'autre à la même hauteur, sortent en même temps des voies génitales, ou la tête située un peu plus bas que le siège sort la première (c'est ce que les auteurs du commencement du siècle désignaient sous le nom d'évolution spontanée céphalique), ou enfin le siège se dégage un peu avant la tête, la physionomie de l'accouchement rappelle alors l'évolution spontanée proprement dite.

J'ai essayé de mettre quelque ordre dans ces questions qui ne sont guère abordées dans les traités, et dont la méconnaissance rend sinon impossible du moins très difficile la lecture des anciens auteurs. Du reste, j'ai largement mis à contribution pour la rédaction de ce chapitre, la thèse d'agrégation de mon maître, M. le professeur Pinard, sur *les contre-indications de la version dans la présentation de l'épaule.*

J'ai rangé les modes de traitement des présentations de l'épaule négligées sous les six chefs suivants :

1° Morcellement du fœtus ;
2° Division du fœtus en deux tronçons, la section portant sur le cou ou sur le tronc ;
3° Version sans mutilation du fœtus ;
4° Version forcée ou version avec mutilation du fœtus ;
5° Évolution sans mutilation du fœtus ou évolution artificielle ;
6° Évolution forcée, c'est-à-dire avec mutilation du fœtus.

Je décris et apprécie chacun de ces modes de traitement qui, dans des circonstances spéciales, peuvent trouver leurs indications. Mais mes appréciations n'ont pas été formulées à la légère ; elles sont basées sur de nombreuses recherches expérimentales que j'ai faites à l'amphithéâtre, et me semblent par conséquent devoir mériter attention.

Et je conclus en disant : « Des nombreux traitements qui ont été appliqués aux présentations de l'épaule négligées, le plus simple, le plus rationnel et le meilleur est l'embryotomie rachidienne, qu'elle porte sur le cou ou sur le tronc.

Si autrefois on cherchait par tous les moyens possibles, tant dynamiques que mécaniques, à faciliter la version, c'est qu'on n'avait pas entre les mains d'instruments capables de sectionner le

fœtus dans tous les cas et sans danger. Aujourd'hui, il n'en est plus de même et « la perfection de nos instruments d'embryotomie nous autorise à préférer la mutilation d'un fœtus à une version difficile qui serait faite aux risques et périls de la mère... Cependant la version forcée pratiquée aux dépens du fœtus, après éviscération et affaissement du thorax et de l'abdomen, ne doit pas tomber dans l'oubli ; elle doit au contraire être conservée, parce que, à défaut d'une instrumentation spéciale, on peut être appelé à l'exécuter, et qu'il suffit d'un bistouri et d'une simple paire de ciseaux pour en venir à bout ». Dans ce cas, l'éviscération, variété du morcellement, a simplement pour effet de rendre possible la version ; il peut aussi se trouver des circonstances dans lesquelles la brachiotomie faciliterait la version forcée.

2ᵉ PARTIE. — *Instruments destinés à pratiquer l'embryotomie rachidienne.*

Dans cette deuxième partie, je décris tous les instruments imaginés et employés pour attaquer le tronc du fœtus. On ne trouve cette description dans aucun classique, et la thèse de Pierre Thomas, le traité de Wasseige, qui sont les travaux les plus complets publiés sur la question, n'en figurent qu'une partie. En me reportant aux mémoires originaux, j'ai pu me convaincre que bien des auteurs avaient cité, décrit et même apprécié des instruments qu'ils n'avaient jamais vus et dont ils ignoraient totalement le mécanisme et le mode d'action ; j'ai constaté aussi qu'un certain nombre d'indications bibliographiques étaient inexactes, ce qui étonne peu. Mais, chose vraiment extraordinaire, on a été jusqu'à inventer des noms d'accoucheurs, et ces noms fantaisistes ont été reproduits naïvement dans des séries de mémoires copiés un peu trop scrupuleusement les uns sur les autres.

La deuxième partie de ma thèse constitue un véritable *armamentarium* de l'embryotomie, illustré de figures représentant tous les instruments d'embryotomie. Malgré les critiques qui m'ont été adressées, je crois encore qu'il y avait utilité à traiter ce sujet, et je ne suis pas certain de n'avoir remué que bien inutilement de « la vieille ferraille », d'autant plus que les deux tiers au moins des embryotomes sont d'invention toute récente, et qu'un grand nombre d'entre eux sont encore employés couramment ici ou là.

Toutefois je ne me suis pas contenté d'une simple et aride description de ces instruments ; j'ai fait plus, je les ai critiqués et appréciés, non pas d'après de simples vues théoriques, mais après avoir expérimenté à l'amphithéâtre ceux que j'avais pu me procurer. J'ai pu me rendre compte ainsi du mode d'action, des avantages et des inconvénients de nombre d'entre eux ; mes appréciations formulées sans parti pris reposent donc sur des faits.

Les embryotomes agissent par section, constriction et dilacération ; je les ai classés d'après leur mode d'action dans les six classes suivantes :

1° Embryotomes agissant à la manière de couteau : embryotomes-couteaux.

2° Embryotomes agissant à la manière de ciseaux : embryotomes-ciseaux.

3° Embryotomes agissant à la manière de scies : embryotomes-scies.

4° Embryotomes qui divisent le cou par constriction.

5° Embryotomes qui divisent le cou par dilacération.

6° Embryotomes qui servent à amoindrir ou à détruire la résistance du rachis : embryotomes-transforateurs.

En résumé, je considère comme les meilleurs embryotomes les ciseaux de Dubois et l'embryotome de M. Ribemont-Dessaignes.

« Les ciseaux de Dubois sont des instruments simples, peu coûteux, faciles à rendre aseptiques et qui, dans la majorité des cas, permettent de terminer la décollation sans imprimer au fœtus aucun ébranlement. On peut attaquer avec eux le tronc aussi bien que le cou.

« L'embryotome de M. Ribemont-Dessaignes, analogue à celui de P. Thomas, mais auquel il est supérieur, ne blesse ni la parturiente, ni l'accoucheur, quand il est bien manié. On peut être certain de terminer la décollation, quand la ficelle-scie est parvenue à entourer le cou du fœtus.

« Mais il faut que l'aide maintienne solidement l'instrument, pendant que l'accoucheur exécute les mouvements de va-et-vient, pour éviter que la traction forcément exécutée sur le cou à ce moment, se transmette au segment inférieur de l'utérus. Toute la difficulté réside dans l'application du crochet et la saisie de la ficelle. Le crochet, qui est plus volumineux que celui de Braun, est un peu plus difficile à appliquer. Le bouton de ce crochet n'est pas toujours accessible, spécialement quand le cou est très élevé ; il est enfin des cas dans lesquels, le cou ne pouvant être senti, l'instrument devrait être appliqué sur le tronc ; mais on comprend qu'il soit bien difficile d'accrocher l'anneau terminal dans ces conditions et on conçoit que si, à la rigueur, la ficelle peut être entraînée, le protecteur ne remplira pas son office, l'instrument n'ayant pas un écartement suffisant pour comprendre l'épaisseur du tronc.

« Malgré ces inconvénients, l'embryotome de M. Ribemont n'en est pas moins, comme les ciseaux, applicable à tous les cas faciles. »

3° Partie. — *Embryotome rachidien du professeur Tarnier.*

Aucun des instruments jusqu'ici imaginés n'est parfait. Certes, dans les cas simples, ils sont suffisants, mais dans nombre de circonstances où il est difficile d'atteindre le cou, leur maniement est incommode et l'embryotomie devient une opération très laborieuse.

J'ai essayé de montrer qu'avec l'embryotome rachidien de M. Tarnier, l'embryotomie est possible dans tous les cas, qu'elle devient une opération facile et sans danger pour la mère. Je me suis appuyé dans cette démonstration sur mes expériences d'amphithéâtre et sur des observations cliniques au nombre de 19.

L'étude de l'embryotome rachidien comprend 5 chapitres :

1° Description de l'instrument ;
2° Expériences faites à l'amphithéâtre ;
3° Faits cliniques ;
4° Manuel opératoire ;
5° Conclusions.

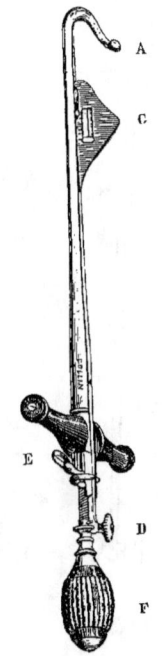

Fig. 1. — Vue d'ensemble de l'embryotome rachidien.

L'embryotome rachidien est composé d'un crochet canaliculé ayant la forme du crochet du Braun et dans lequel se meut, à l'aide d'un dispositif analogue à celui du lithotriteur, un couteau trian-

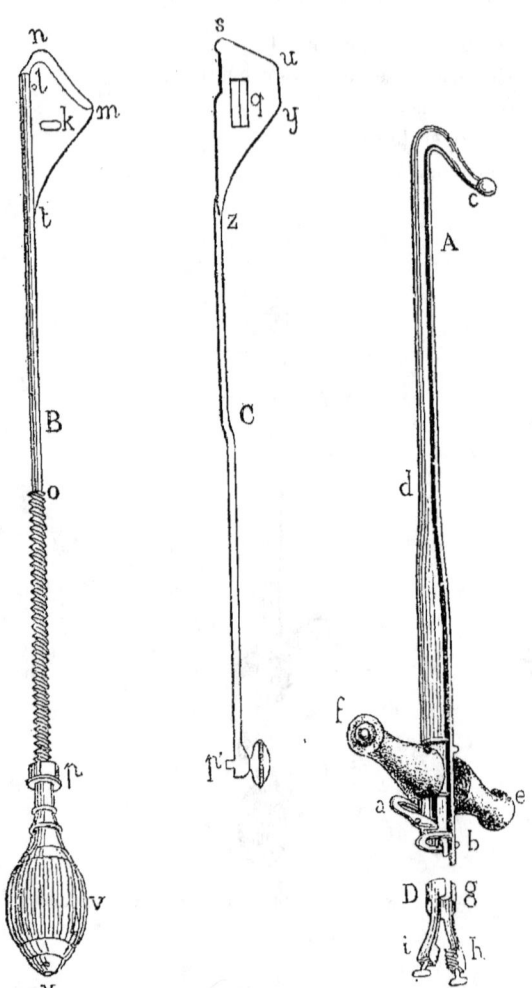

Fig. 2. — Embryotome rachidien Tarnier. Les diverses pièces de l'instrument sont séparées.

gulaire, qui s'enfonce dans les parties fœtales à la manière d'une guillotine. Ce couteau est protégé par une lame mousse, qu'on peut élever ou abaisser.

J'ai montré que malgré la complication de l'embryotome rachidien, son maniement est assez simple, son asepsie facile à réaliser, sa solidité très grande, qualités importantes sans lesquelles l'emploi d'un instrument ne peut se généraliser.

Mes expériences d'amphithéâtre ont été faites sur le bassin en bronze de M. Tarnier ou le mannequin de MM. Budin et Pinard, avec des rétrécissements allant jusqu'à 4 centim. ; les fœtus, de volumes différents, étaient placés dans toutes les positions du tronc et à des degrés variables d'engagement. La première série d'expériences est relative à la section du cou, la seconde à la section du tronc. J'ai fait voir que la section du cou était possible et facile, même pendant le troisième temps de l'évolution spontanée, qu'il était seulement nécessaire de connaître exactement la situation de la tête par rapport au tronc, pour placer, au point voulu et dans la direction voulue, le crochet de l'embryotome. Dans toutes ces expériences, je suis parvenu à exécuter la section du fœtus avec une sûreté et une sécurité remarquables. Il en a été de même du reste, dans les observations cliniques, que j'ai reproduites *in extenso*, et qui sont dues à la pratique de plusieurs accoucheurs.

La critique de mes expériences cadavériques et des faits cliniques nous a permis, à M. le professeur Tarnier et à moi, d'établir définitivement le manuel opératoire de l'embryotomie rachidienne qui comprend 5 temps :

1° Introduction de la main ;
2° Introduction et placement du crochet ;
3° Introduction et fixation du couteau ;
4° Section du cou ;
5° Enlèvement de l'instrument. Extraction du fœtus.

La main doit aller à la recherche du sillon du cou, mais il n'est *pas nécessaire que les doigts enserrent toute sa circonférence*, contrairement à ce qu'on croit en général : le crochet est simplement destiné à s'appuyer sur la partie fœtale pour donner un point

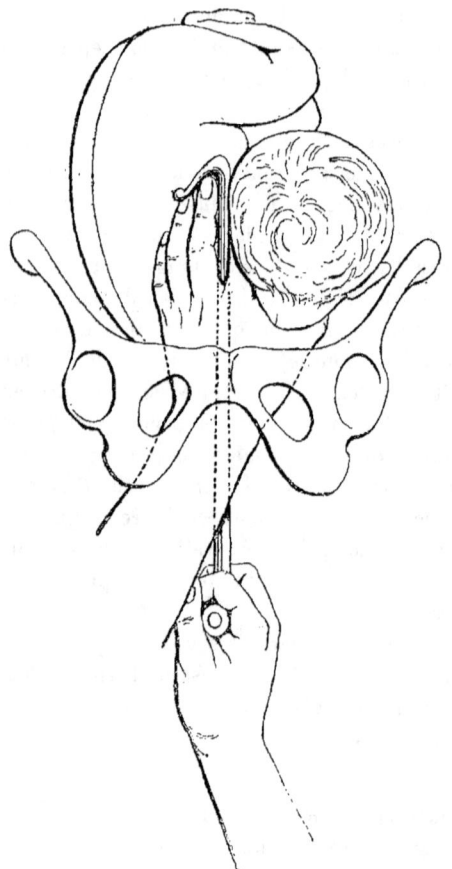

Fig. 3. — Introduction et placement du crochet.

d'appui à la guillotine. Pour reconnaître le sillon du cou, nous conseillons d'introduire la main en avant du fœtus, entre celui-ci

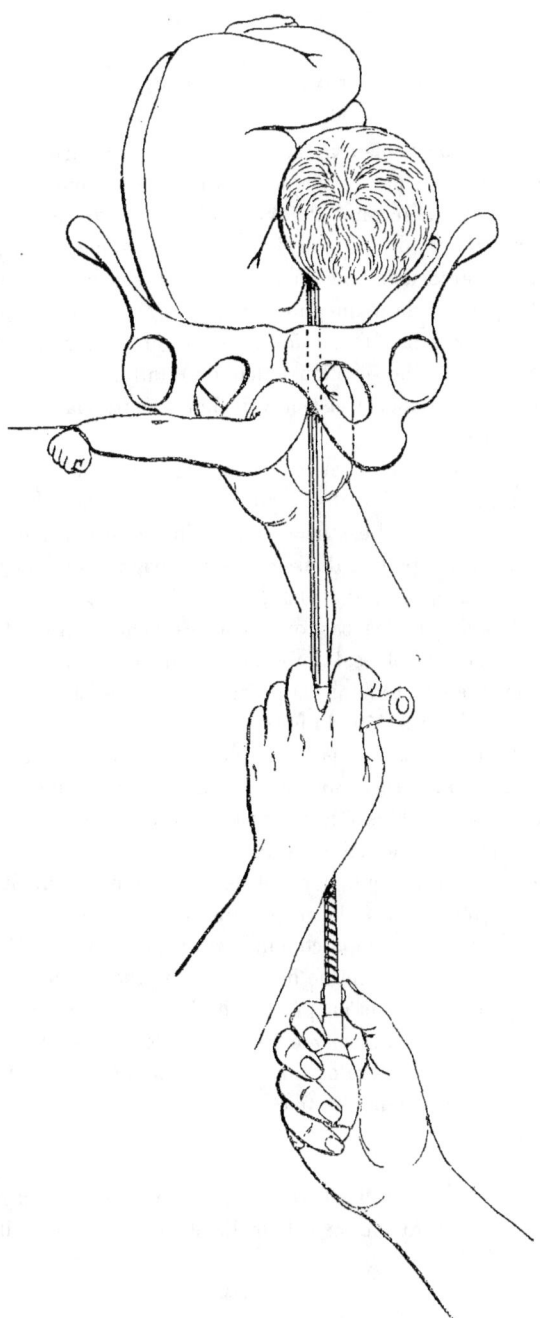

Fig. 4. — Introduction et placement du couteau.

et le pubis, et de choisir la main dont l'index regarde du côté de la tête de l'enfant, par conséquent, la main homonyme de la position de l'épaule : acromio-iliaque droite, main droite ; acromio-iliaque gauche, main gauche. La règle est unique, qu'il s'agisse d'une dorso-antérieure ou d'une dorso-postérieure. On glisse le crochet à plat sur la main-guide, mais on doit en diriger la pointe du côté opposé à la tête du fœtus, sans quoi, au moment où on imprime à ce crochet le mouvement de rotation destiné à le fixer sur le cou, on s'exposerait à le voir buter contre la tête qui l'immobiliserait.

L'application du crochet est rendue quelquefois très difficile, par suite de l'élévation du sillon du cou et de l'obliquité de ce sillon ; dans ce cas, il est nécessaire d'introduire le crochet très profondément et, pour l'abaisser, de le diriger non pas directement, mais *obliquement en bas.*

Dans la majorité des cas, on place ce crochet entre le fœtus et le pubis, mais si cela est impossible, on pourra l'appliquer en arrière, en prenant toujours la précaution de choisir la main dont l'index répondra à la tête du fœtus.

La section du cou peut être complète en une fois ; mais il arrive fréquemment qu'il reste un lambeau de parties molles : il suffit alors, après avoir abaissé le couteau, d'accrocher ce lambeau dont la section s'effectuera facilement.

La décollation présente souvent de très grandes difficultés dans les dorso-antérieures. Cela tient, ainsi que l'a montré M. le professeur Pinard, à ce que la colonne vertébrale du fœtus débordant le pubis en avant, la main ne peut pas embrasser le cou du fœtus ; alors les instruments, et en particulier les ciseaux de Dubois, ne peuvent être dirigés ni assez en haut ni assez en avant pour attaquer la colonne vertébrale. C'est dans ces conditions que l'embryotome Tarnier se montre particulièrement supérieur aux autres embryotomes.

Mon attention avait été attirée, en parcourant la littérature obstétricale, sur la fréquence avec laquelle, dans les versions difficiles, on amenait à la vulve le bras postérieur au lieu du pied. Je fus frappé en outre de ce fait qu'assez souvent, quand on se servait d'un crochet pour pratiquer l'embryotomie, on accrochait le bras postérieur et non le cou.

Ces deux faits me parurent devoir tenir à une disposition particulière du fœtus dans les présentations de l'épaule abandonnées à elles-mêmes, et je crois en avoir trouvé l'explication.

Quand la poche des eaux est rompue, que le travail dure depuis un certain temps, l'épaule droite, par exemple, dans l'A. I. G. de l'épaule droite, descend derrière le pubis, le bras se défléchissant dans le vagin et à la vulve. Au toucher, on explore en arrière de cette épaule une partie du plan antérieur du fœtus dirigé obliquement en bas et en arrière. Il en résulte que le diamètre bis-acromial du fœtus n'est pas placé verticalement par rapport au détroit supérieur, mais qu'il est oblique en bas et en avant, l'épaule gauche qui termine ce diamètre est alors située en haut et en arrière, et par conséquent très rapprochée du crochet appliqué derrière le fœtus. Les figures qu'on voit dans les traités ne peuvent servir à démontrer ce que j'avance : elles sont toutes schématiques ; mais on peut s'en rendre compte très simplement de la façon suivante. Il suffit de mettre un fœtus en présentation de l'épaule dans un mannequin de Budin et Pinard, et de tirer avec force sur le bras qui se présente afin d'engager l'épaule, pour constater que le diamètre bis-acromial prend une direction oblique en bas et en avant et que l'épaule supérieure devient très accessible en arrière.

La section du cou peut être obtenue quoique le troisième temps de l'évolution spontanée soit accompli : je le démontre par des expériences cadavériques, par l'exposé de deux faits cliniques et par l'examen d'une planche de Chiara (fig. 5), qui représente une coupe antéro-postérieure, obtenue après congélation, sur le cadavre d'une femme morte pendant le travail de l'accouchement, et chez laquelle, l'enfant se présentant par l'épaule, le troisième temps de l'évolution spontanée était en train de s'effectuer. On voit nettement sur cette figure que la ligne droite que j'y ai fait repré-

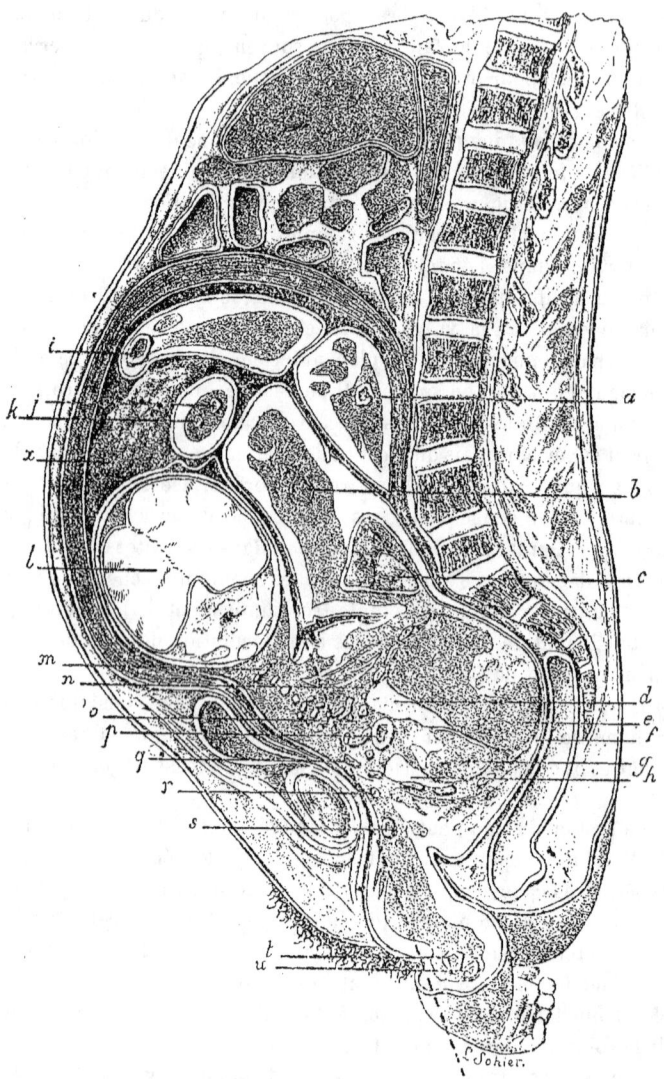

Fig. 5. — Coupe antéro-postérieure médiane du corps d'une femme morte pendant la période d'expulsion (réduite au tiers, d'après CHIARA), destinée à montrer la position du cou et l'incurvation du thorax dans le troisième temps de l'évolution spontanée. La ligne pointillée indique la direction du crochet appliqué sur le cou.

senter, et qui est destinée à indiquer la direction d'un crochet appliqué sur le cou, passe au-dessous du pubis dans l'aire de la vulve, par conséquent.

La section du tronc est plus longue à effectuer mais elle est toujours possible. Je conseille de placer le crochet du côté du dos du fœtus, pour attaquer du premier coup la colonne vertébrale qui constitue le centre de résistance du tronc.

En résumé : L'embryotome rachidien est applicable à tous les cas, même les plus compliqués, de présentation de l'épaule ; il s'applique aussi bien sur le tronc que sur le cou : il est d'un usage général.

Les expériences effectuées à l'amphithéâtre montrent que cet instrument est applicable dans les mêmes conditions de rétrécissement que le basiotribe, et que, par conséquent, les limites imposées à l'opération césarienne pour les présentations longitudinales doivent être adoptées également pour les présentations du tronc.

L'embryotome rachidien sectionne le fœtus sans produire d'ébranlement de la partie fœtale.

IV. — De l'abaissement prophylactique et curatif du pied dans la présentation du siège décomplété, mode des fesses. (*Annales de gynécologie*, juillet, août et novembre 1893) (1).

De toutes les variétés de la présentation de l'extrémité pelvienne, c'est la présentation du siège décomplété, mode des fesses, dont le pronostic est le moins favorable. Cela tient à deux causes : à la plus grande fréquence des cas de dystocie, à la difficulté et, trop souvent, à l'inefficacité des interventions.

La fréquence de la dystocie s'explique par cette particularité propre au mode des fesses, et sur laquelle le professeur Tarnier,

---

(1) La partie de ce mémoire relative seulement à l'abaissement prophylactique a été publiée dans les *Mémoires de la Société obstétricale de France* en 1895.

a le premier, insisté, à savoir que les membres inférieurs, relevés en attelles au-devant de l'abdomen et du thorax, maintiennent rigide la colonne vertébrale du fœtus. Aussi, non seulement le fœtus éprouve-t-il de la difficulté à s'enfoncer dans le bassin, mais encore, lorsqu'il y est engagé et avant même que le troisième temps soit accompli, exécute-t-il souvent un mouvement anormal de rotation qui porte son sacrum soit directement en avant, soit directement en arrière, donnant lieu ainsi aux variétés sacro-pubiennes ou sacro-sacrées, très défavorables par elles-mêmes. Ce n'est pas tout. Dans certains cas où, le fœtus n'étant pas trop volumineux, l'engagement a pu s'effectuer jusqu'au plancher périnéal, il arrive que le dégagement traîne en longueur ou est rendu impossible par le défaut d'inflexion du tronc ; on voit bien alors les fesses du fœtus déprimer et creuser le périnée à chaque contraction utérine, mais elles n'ont aucune tendance à se porter en avant pour se dégager. Finalement, l'utérus se fatigue, la femme s'épuise, le fœtus souffre et puis succombe, si on n'intervient pas à temps ou si l'intervention est de trop longue durée. *Excès de volume du fœtus, anomalie de la rotation, rupture prématurée des membranes*, telles sont d'ailleurs les circonstances dans lesquelles on rencontre le maximum de difficultés.

Après avoir exposé et critiqué les divers modes de traitement employés dans l'accouchement par les fesses forceps, lacs, crochets, tractions inguinales), je conclus que lorsqu'on a laissé les fesses s'engager et qu'on se voit obligé de terminer l'accouchement, on dispose de procédés d'extraction, efficaces dans un grand nombre de cas, mais infidèles dans beaucoup d'autres, car les points d'appui que fournit l'extrémité pelvienne du fœtus sont ou insuffisants et lâchent prise, ou solides mais difficiles à atteindre.

Ne serait-il pas alors préférable de tourner la difficulté en corrigeant la présentation du siège mode des fesses avant son engagement, et en la transformant, quand cela est encore facile, en présentation du siège décomplété, mode des pieds ? On disposerait ainsi d'un tracteur commode pour tirer au besoin sur le fœtus, lorsqu'il y aurait indication à l'extraire. C'est ce que faisaient déjà les anciens accoucheurs. Je pense donc qu'il y a lieu de revenir dans certains

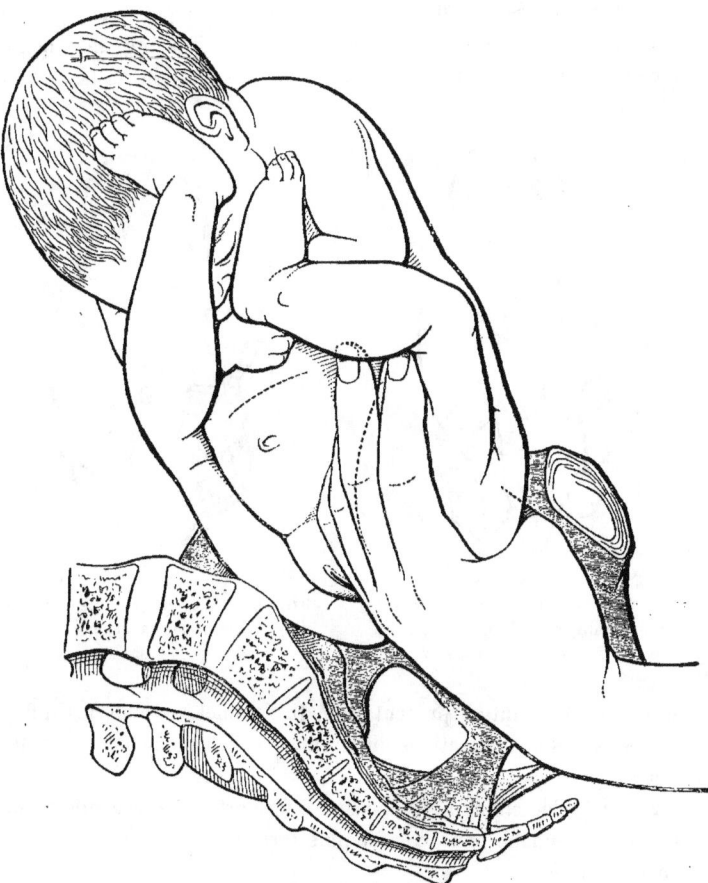

Fig. 6. — Mode des fesses, position gauche. La main gauche est enfoncée jusqu'au creux du jarret sur lequel l'index va agir pour produire l'abduction de la cuisse gauche.

cas à cette pratique ainsi que depuis plusieurs années le professe mon maître M. Pinard.

L'*abaissement prophylactique* du pied vise en réalité deux points différents:

1° Par la correction du mode des fesses, on empêche la dystocie spéciale due à cette variété de la présentation du siège, de la même façon qu'en fléchissant la tête dans la présentation de la face et

Fig. 7. — La cuisse gauche étant écartée du tronc, l'index accroche le cou-de-pied pour l'abaisser.

Fig. 8. — Le pied gauche s'engage dans l'excavation.

en la transformant en présentation du sommet, on évite les difficultés et les complications inhérentes à l'accouchement par la face;

2° Par la déflexion d'un membre inférieur, on se crée une prise solide et commode pour exercer plus tard, si besoin est, des tractions sur le fœtus.

Rien n'est plus rationnel. Aussi, pour expliquer le défaut de vulgarisation de cet abaissement préventif du pied, faut-il principalement incriminer l'imperfection des procédés conseillés pour abaisser le pied. Au contraire, grâce au procédé qu'emploie le professeur Pinard, on réussit dans presque tous les cas.

L'abaissement artificiel du pied comprend les quatre temps suivants :
1° Introduction et placement de la main ;
2° Abduction artificielle de la cuisse ;

Fig. 9. — Le pied antérieur est amené à la vulve.

Fig. 10. — Manière de faciliter l'abaissement du pied en appuyant sur la jambe quand celle-ci se fléchit insuffisamment.

3° Recherche et saisie du pied ;
4° Abaissement du pied et déflexion du membre inférieur.

Cela fait, on procède à l'extraction ou on abandonne à la nature l'expulsion du fœtus,

On se sert de la main qui, dans l'attitude naturelle, a la paume tournée vers le plan ventral du fœtus : de la main gauche, par conséquent, dans les positions gauches. La main est introduite *tout entière* dans le vagin et poussée dans l'utérus jusqu'à ce que l'extrémité de l'index et du médius atteigne le creux du jarret. On appuie alors plus ou moins fortement avec les doigts sur le creux du jarret qu'on repousse ainsi *en arrière et en dehors* par rapport au fœtus. Ce déplacement exagère la flexion de la cuisse qui est portée en abduction ; le genou s'écarte de la ligne médiane et se porte vers le flanc du fœtus. Quant à la jambe, il est de toute évidence qu'elle doit, elle aussi, changer d'attitude, car l'exagération de la flexion et l'abduction de la cuisse produisent le raccourcissement des muscles ischio-jambiers et, secondairement, la flexion de la jambe. Du reste, il serait impossible que la jambe restât étendue sur la cuisse, car pour participer au mouvement d'abduction de cette dernière, elle s'écarterait du tronc de l'enfant contre lequel elle serait ramenée par l'utérus.

La jambe s'abaisse, en entraînant avec elle le pied dont le talon vient buter contre la face dorsale des doigts de l'accoucheur. Dès lors, il est très facile d'accrocher le cou-de-pied, de l'abaisser un peu, puis de le saisir solidement pour amener le pied à la vulve.

Le manuel opératoire étant décrit, j'insiste sur ses difficultés pour répondre aux objections qui ont été faites au procédé, et je les examine dans les deux cas d'engagement et de non-engagement des fesses.

Je recommande de n'abaisser le pied qu'à la dilatation complète pour éviter les dangers de la procidence du cordon à travers un orifice incomplètement dilaté. J'examine aussi la question de la présentation du siège mode des fesses primitif et je démontre par des chiffres que l'abaissement du pied est possible dans ces conditions, puisque sur plus de 13 modes des fesses primitifs, fixés à la partie supérieure de l'excavation pendant la grossesse et irréductibles par manœuvres externes, nous n'avons pas essuyé d'échec.

Quoique facile dans la grande majorité des cas, l'abaissement du pied peut présenter des difficultés, et j'indique les moyens de les vaincre. Le moyen le plus pratique, que je n'ai vu décrit nulle part, et qui m'a réussi dans 3 cas particulièrement difficiles, consiste à opérer de la façon suivante : Avec la main libre, placée sur l'abdomen de la femme, on cherche à sentir la jambe et le pied qui doivent être abaissés ; on les trouve facilement et rien n'est alors plus simple que d'appuyer sur eux à travers la paroi abdominale et la paroi utérine, pour les faire descendre et les amener jusqu'à la rencontre des doigts qui travaillent dans l'utérus.

Une fois j'ai eu quelque peine également à mobiliser la jambe, car le genou était retenu par un anneau de contraction, mais les manœuvres externes ont également réussi dans ce cas à faire descendre le pied que la main a pu accrocher et abaisser à la vulve.

Quand le siège est engagé, les difficultés n'existent réellement que si les fesses ne sont pas mobilisables et si la fesse antérieure ne peut être reportée au-dessus du détroit supérieur. Ainsi, par exemple, lorsque le siège est engagé jusqu'à la partie moyenne de l'excavation.

Ici la circonférence bitrochantérienne est descendue jusqu'au niveau d'un plan qui passe par le milieu de la symphyse pubienne et rencontre en arrière la troisième vertèbre sacrée. Les ischions sont bien plus bas, et, au toucher, on les trouve affleurant le ligament triangulaire et pas très éloignés des épines sciatiques. L'engagement, tel que je le suppose ici, est, en général, appelé engagement profond.

A moins d'avoir affaire à de petits fœtus, il n'est plus possible de soulever le siège au-dessus du détroit supérieur ; la hanche antérieure reste donc dans l'excavation et la bascule du fémur devra se faire dans le petit bassin.

Beaucoup d'accoucheurs nient la possibilité de cette bascule, mais, par des preuves cliniques, expérimentales et des mensurations, j'ai démontré qu'elle était possible.

Le segment fémoral du membre inférieur chez les nouveau-nés mesure, en effet, de 11 centim. 7 à 10 centim. 1 seulement, pour des fœtus dont les poids sont compris en 4,500 gr., et 2,000 gr.

La cuisse du fœtus peut donc à la rigueur pénétrer dans le bassin, si du moins on la *dirige suivant un diamètre oblique*, en refoulant le fœtus dans la partie opposée de l'excavation. La cuisse se déplace alors en restant en contact avec le plan antérieur du fœtus sur lequel elle glisse. Quand le siège est au détroit inférieur, les fesses du fœtus commencent à creuser le plancher périnéal, et les hanches sont à peu près au niveau des épines sciatiques. Les conditions sont évidemment bien moins favorables pour l'abaissement du pied que dans les cas précédents, parce que la cuisse du fœtus, logée presque en entier dans l'excavation pelvienne, se déplace plus difficilement, et ne tarde pas, quand on la met en abduction, à rencontrer les parois osseuses du bassin qui l'arrêtent. En outre, le genou est au niveau ou à peu de distance du détroit supérieur, de telle sorte qu'au moment où le pied va se présenter pour pénétrer dans l'excavation, la jambe est pour ainsi dire couchée sur l'ouverture du bassin à laquelle elle présente sa plus grande dimension. Il faudrait alors pour que le pied pût s'abaisser, que le segment du membre inférieur qui s'offre au détroit abdominal, et qui est constitué par la jambe, le pied et le genou, fût plus petit que le diamètre oblique de l'excavation. Or, il n'en est pas toujours ainsi, car ce *segment tibial*, pour des enfants de 4,500 gr. à 2,000 gr., oscille entre 13,5 centim. et 11,2 centim. On voit donc que la bascule de la jambe n'est à priori réalisable que si le fœtus est petit et pèse moins de 3,000 gr. Mais comme on ne peut apprécier que d'une manière approximative le volume d'un fœtus encore contenu dans la cavité utérine, on sera autorisé à toujours tenter l'abaissement du pied.

Je démontre ensuite que l'abaissement prophylactique du pied n'expose la mère à aucun accident s'il est pratiqué avec douceur. Quant à l'enfant, les inconvénients qui peuvent en résulter sont : la procidence du cordon et les mouvements inspiratoires prématurés, accidents qui seront sans conséquence si on procède sans retard à l'extraction du fœtus. D'où la nécessité de n'abaisser le pied qu'à la dilatation complète. C'est ainsi que sur 25 abaissements prophylactiques du pied à la dilatation complète, nous avons eu 25 enfants vivants et sortis vivants de l'hôpital.

L'abaissement prophylactique du pied est donc indiqué surtout dans les cas suivants : fœtus volumineux, anomalie du mécanisme de l'accouchement, femme épuisée par un long travail, etc.

Mais l'abaissement du pied est encore applicable dans un but *curatif*, quand il existe une indication soit maternelle, soit fœtale à terminer l'accouchement. La déflexion du membre inférieur entre ici en parallèle avec les autres procédés d'extraction du siège mode des fesses, et devra être tentée avant ces derniers.

V. — **Remarques sur la nécessité de préciser le degré d'engagement d'après des points de repère fixes.** (Extrait du mémoire sur l'abaissement prophylactique et curatif du pied, etc. *Annales de gynéc.*, novembre 1893, p. 325.)

J'ai pu me convaincre à la lecture de très nombreuses observations d'accouchement en présentation du siège mode des fesses, que les divers auteurs attachaient au mot engagement une signification clinique différente, d'où il résulte que les observations, même celles qui sont étiquetées d'une façon identique, ne sont pas du tout comparables.

Aussi je demande qu'on détermine le degré d'engagement non pas d'une manière vague, d'après la simple impression fournie par le toucher, mais mathématiquement pour ainsi dire, en prenant sur le fœtus et le bassin des repères bien déterminés et en notant le rapport qui existe entre ces points de repère.

Pour la mère, il ne faut pas prendre le périnée, la vulve, qui ne sont ni fixes, ni immuables ; il faut de toute nécessité choisir des repères osseux faciles à reconnaître au toucher, tels, par exemple, le milieu de la symphyse pubienne, le bord inférieur de cette symphyse, l'épine sciatique.

Quant au fœtus, les repères doivent être également osseux, et je spécifie (dans les cas particuliers du mode des fesses) les trochanters, les ischions. Si, en effet, on jugeait des progrès de l'engagement simplement par la pénétration de plus en plus profonde dans le bassin des parties molles de la présentation, à quelles erreurs d'interprétation ne s'exposerait-on pas ? Le siège peut être arrêté, en effet, au détroit supérieur alors que les bourses œdématiées, infiltrées de sang, apparaissent déjà à la vulve.

On ne se contentera donc plus de ces termes vagues: siège engagé, peu engagé, très engagé, engagement commencé, engagement assez profond, engagement réel (?). On procédera pour l'engagement, comme on le fait pour la position et la variété de position qu'on précise avec une grande exactitude. Rien ne sera plus utile, car la connaissance du degré d'engagement et des progrès *réels* et *non apparents* de cet engagement, constitue l'un des éléments les plus importants pour établir un pronostic ou déterminer une intervention.

Je ne me suis occupé de cette question qu'au point de vue du siège mode des fesses, néanmoins elle est plus générale et les mêmes remarques s'appliquent à toutes les présentations.

Le défaut d'entente entre les accoucheurs sur la valeur clinique du terme d'engagement suffit à expliquer bien des controverses, relatives aussi bien au mécanisme de l'accouchement qu'aux interventions obstétricales.

Nous employons aujourd'hui couramment l'excellent procédé qu'a décrit le professeur Farabeuf pour déterminer le degré d'engagement de la tête et les progrès de cet engagement. Dans ce procédé les points de repère maternels sont le sous-pubis et la pointe du sacrum (« Dystocie du détroit supérieur ». *Gazette hebdomad.*, juin 1894).

VI. — **Dilatation artificielle du vagin et de la vulve avant l'extraction du fœtus**. (Extrait du mémoire sur l'abaissement prophylactique et curatif du pied, etc. *Annales de gynécologie*, août 1893, p. 108.)

J'ai abordé la question de la dilatation prophylactique du vagin et de la vulve avant l'extraction du fœtus à propos de l'accouchement par le siège mode des fesses ; mais il est certain que les considérations qui se rattachent à ce sujet sont également applicables à tous les accouchements pour lesquels on peut prévoir des difficultés tenant à la résistance du canal vulvo-vaginal et du périnée.

Tout ce qui est capable, dis-je, de diminuer les dangers de l'expulsion ou de l'extraction de l'enfant, — sans préjudice pour la mère, bien entendu, — tout cela pourrait et même devrait être employé.

Or, la résistance du plancher périnéal et de l'anneau vulvaire, qu'on rencontre principalement chez les primipares âgées, crée quelquefois un obstacle que le tronc, les épaules, et surtout la tête éprouvent de la peine à franchir ; pendant la durée parfois longue de leur dégagement, le cordon est comprimé, la circulation y est interrompue, le fœtus asphyxie et meurt. C'est pourquoi nombre d'enfants ont payé de leur vie les difficultés de leur passage au détroit inférieur et à la vulve.

Il y a donc grand avantage à dilater la vulve avant le passage du fœtus, sans que ce dernier serve lui-même d'agent dilatateur, comme cela a lieu dans les cas ordinaires.

Aujourd'hui, cette dilatation mécanique peut être obtenue très facilement et sans aucun danger, à l'aide du ballon incompressible de M. Champetier de Ribes, ballon qui peut acquérir le volume d'une tête de fœtus à terme. On introduit ce ballon, non pas dans l'utérus bien entendu, mais dans le vagin, et on le dilate au maximum en y injectant de l'eau bouillie. Sa seule présence provoque souvent des contractions énergiques qui tendent à l'expulser ; mais on peut hâter cette expulsion en exerçant sur le tube du ballon des tractions soutenues ; le ballon descend peu à peu, distend le plancher périnéal, sans le déchirer, entr'ouvre la vulve et sort finalement en laissant derrière lui une dilatation complète. La vulve est alors, pour l'enfant qui sortira quelques instants plus tard, dans les conditions où elle se trouverait pour un second enfant dans un accouchement gémellaire, c'est-à-dire que la résistance des parties molles étant vaincue, celles-ci n'opposeront plus d'obstacle au passage du fœtus.

Il faut peu de temps pour obtenir cette dilatation, un quart d'heure environ, quelquefois cependant davantage ; de plus, la dilatabilité ainsi obtenue est permanente, ce qui s'explique par ce fait que le ballon a eu principalement à vaincre la résistance des plans fibreux du plancher périnéal qui une fois forcés ne reviennent pas sur eux mêmes.

A l'heure actuelle, on dilate souvent le vagin et la vulve à l'aide du ballon de Champetier avant la symphyséotomie chez les primipares.

VII. — Recherches expérimentales relatives à l'agrandissement du diamètre transverse du détroit inférieur du bassin.

En 1887, M. Tarnier, qui décrivait les vices de conformation du bassin dans son cours théorique professé à la Faculté, a voulu, à propos des rétrécissements du détroit inférieur, rechercher expérimentalement quelles modifications ce détroit rétréci subissait par le fait de la compression excentrique exercée par la tête, soit dans l'accouchement naturel, soit dans l'accouchement artificiel à l'aide du forceps, soit même après la symphyséotomie.

Il m'a chargé de faire à ce sujet, des expériences sur le cadavre, et a vérifié lui-même le degré d'écartement des deux tubérosités sciatiques, obtenu dans ces conditions.

A moins de disposer de bassins frais viciés au détroit inférieur, il est impossible de procéder à ces recherches en faisant passer des têtes de fœtus dans des bassins normaux, car le diamètre transverse du détroit inférieur de ces bassins est plus grand que le diamètre bi-pariétal de la tête du fœtus à terme, diamètre qui est en rapport avec les tubérosités de l'ischion, quand le mouvement de rotation de la tête est effectué. Nous avons donc été obligé de procéder d'une façon indirecte et, dans ce but, nous avons exercé sur les ischions des tractions excentriques, mesurées au dynamomètre, à l'aide de lacs passant par les trous obturateurs, et ressortant, soit par la petite échancrure sciatique, soit au-dessous de la branche ascendante de l'ischion. Pour déterminer commodément l'agrandissement du diamètre bi-ischiatique, nous avons fiché dans les tubérosités de l'ischion des tiges métalliques verticales, dont nous mesurions l'écartement pendant les tractions : les variations de cet écartement sont égales aux variations subies par le diamètre bi-ischiatique.

Nous avons poussé nos recherches plus loin, et nous avons étudié les modifications apportées par ces tractions au niveau non seulement du détroit inférieur, mais encore du détroit supérieur, et nous avons déterminé sous quel effort les articulations sacro-iliaques et la symphyse pubienne éclataient ; mais je ne signale ici que les résultats qui ont particulièrement rapport à l'agrandissement du diamètre transverse du détroit inférieur, car ces résultats sont les seuls qui aient un réel intérêt clinique.

Nos expériences ont porté sur dix bassins, dont quatre offraient des dimensions plus grandes que celles qui sont considérées comme normales, trois des dimensions à peu près normales, et trois autres des diamètres un peu rétrécis.

Voici les résultats que nous avons obtenus :

	Sous l'influence de tractions comprises entre :	le diamètre bi-ischiatique s'est élargi de :
1er bassin...	25 kilogr. et 60 kilogr............	6 à 19 millim.
2e — ...	25 — 65 —	3 à 13 —
3e — ...	20 — 60 —	12 à 27 —
4e — ...	20 — 70 —	2 à 12 —
5e — ...	20 — 70 —	5 à 21 —
6e — ...	15 — 55 —	4 à 24 —
7e — ...	20 — 70 —	4 à 13 —
8e — ...	10 — 70 —	2 à 18 —
9e — ...	12 — 65 —	5 à 12 —
10e — ...	20 — 55 —	5 à 16 —

Après chacune de ces expériences, le bassin est revenu spontanément à ses dimensions antérieures, et nous n'avons constaté de lésion ni de la symphyse pubienne, ni des articulations sacro-iliaques.

Un agrandissement important du diamètre transverse du détroit inférieur est donc possible sous l'influence de tractions excentriques, dont l'intensité est comparable aux efforts exercés pendant une application de forceps difficile.

Mais l'agrandissement est énorme, quand on a pratiqué la section de la symphyse pubienne.

Dans trois expériences, où notre attention a été plus particulièrement portée sur l'agrandissement consécutif à la symphyséotomie, nous avons constaté que :

Avec un écartement des pubis de :		le diamètre bi-ischiatique s'est accru de :		
3 centim. (traction très légère)..........	13 millim.	pour le 6e bassin		
9 — (traction de 15 kil.)............	63	—	—	—
1 — (sans traction)...............	10	—	—	9e bassin
2 — —	20	—	—	—
3,5 — (traction légère).............	32	—	—	—
4,5 — —	39	—	—	—
1,5 — (traction très légère)..........	20	—	—	10e bassin
3,2 — (traction légère).............	29	—	—	—

Sur aucun de ces bassins, malgré l'écartement de la symphyse pubienne, nous n'avons observé de disjonction des articulations sacro-iliaques.

Ces faits avaient conduit M. Tarnier à dire, dans son cours, que si la symphyséotomie devait un jour reprendre, dans la pratique obstétricale, la place qu'elle y occupait autrefois, elle serait particulièrement indiquée dans les cas de rétrécissement du détroit inférieur.

VIII. — De l'adaptation de la tête fœtale à l'arcade des pubis dans les cas de rétrécissement bi-ischiatique.

Pour compléter ces recherches, M. le professeur Tarnier a voulu savoir comment la tête fœtale s'adapterait expérimentalement à l'arcade des pubis rétrécie, suivant qu'elle s'y engagerait par le sommet ou par la face, et voici le résumé des constatations que j'ai faites, sous son contrôle, en me servant d'une tête fœtale et d'un bassin osseux présentant un rétrécissement bi-ischiatique.

Lorsque la tête d'un fœtus est placée sous l'arcade des pubis en présentation du sommet, l'occiput, quoi qu'on fasse, reste assez éloigné du ligament triangulaire pour qu'on puisse introduire un doigt entre ce ligament et la tête. C'est là un fait expérimental très intéressant qui est confirmé par la clinique.

Quand, au contraire, la tête est placée sous l'arcade des pubis en présentation de la face, le menton touche aussitôt le ligament triangulaire, ce qui semble démontrer que, dans ces rétrécissements, la présentation de la face est au moins aussi favorable que celle du sommet, du moins relativement au mécanisme de l'accouchement au niveau du détroit inférieur, pendant le dégagement.

IX. — Recherches relatives aux dimensions du membre inférieur chez les nouveau-nés.

Les mensurations ont été faites avec un compas métallique à glissière, tant sur des nouveau-nés vivants que sur des fœtus morts ; mais il n'entre dans les tableaux que les mensurations prises sur les enfants vivants.

1° Segment fémoral. — Ce segment fémoral a été mesuré de la partie la plus éloignée du grand trochanter à la face antérieure de la rotule dans la flexion à angle droit de la cuisse sur le bassin.

Voici le résumé de ces mensurations :

POIDS DES ENFANTS			NOMBRE DES MENSURATIONS	LONGUEUR MOYENNE DU SEGMENT FÉMORAL
gram.		gram.		centim.
4,800	... à ...	4,000	6	11,7
4,000	... » ...	3,500	13	11,2
3,500	... » ...	3,000	13	11
3,000	... » ...	2,500	12	10,8
2,500	... » ...	2,000	7	10,1

Si l'on voulait ne tenir compte que de la longueur du fémur, il faudrait de chacune de ces mesures retrancher 1 centim.

2° **Segment tibial**. — La mensuration a été prise pendant que la jambe était fléchie à angle droit sur la cuisse et le pied à angle droit sur la jambe. Les deux branches parallèles du compas à glissière ont été appliquées, l'une sous le talon, l'autre à la partie inférieure de la face antérieure de la cuisse au niveau des condyles fémoraux, c'est-à-dire au point le plus éloigné du talon.

POIDS DES ENFANTS			NOMBRE DES MENSURATIONS	LONGUEUR MOYENNE DU SEGMENT TIBIAL
gram.		gram.		centim.
4,500	... à ...	4,000	3	13,5
4,000	... » ...	3,500	7	12,9
3,500	... » ...	3,000	11	12,4
3,000	... » ...	2,500	9	11,6
2,500	... » ...	2,000	5	11,2

En comparant ces dimensions à celles du segment fémoral, on voit que le segment fémoral est toujours plus petit que le segment tibial, mesurés l'un et l'autre comme je l'ai dit, et que la différence varie avec le poids des enfants, ainsi que cela résulte du tableau suivant (1) :

POIDS DES ENFANTS			DIFFÉRENCE ENTRE LA LONGUEUR DU SEGMENT TIBIAL ET CELLE DU SEGMENT FÉMORAL
gram.		gram.	
4,500	à	4,000	18 millim.
4,000	»	3,500	17 —
3,500	»	3,000	14 —
3,000	»	2,500	8 —
2,500	»	2,000	11 —

(1) Mes mensurations concordent avec celles qu'a publiées M. DEMELIN dans son *Anatomie obstétricale* (p. 134), et avec celles qu'on trouve dans la thèse de M. LAFAILLE (*Quelques mensurations du fœtus* ; Paris, 1893) ; elles diffèrent beaucoup au contraire des dimensions que donne M. BONNAIRE dans un mémoire intitulé : De l'abaissement artificiel du pied dans la présentation du siège (*Semaine médicale*, 1893, p. 393), et sur lesquelles il s'appuie pour dire que « la cuisse est trop longue pour pouvoir évoluer à l'intérieur du bassin ».

X. — Sur la perméabilité rénale chez les éclamptiques.
(*Bulletin médical*, 2 février 1898.)

Mon attention a été attirée sur l'intérêt que pouvait présenter la connaissance de la perméabilité rénale chez les femmes dans l'état puerpéral, aussi bien chez celles dont la santé ne laisse rien à désirer que chez celles, trop nombreuses, qui sont atteintes d'auto-intoxication gravidique. Il y avait lieu en particulier de déterminer si chez ces dernières, l'élimination par les reins n'était pas troublée. Mes recherches à ce sujet ne sont pas encore complètement terminées, mais j'espère être à même de les publier très prochainement. Toutefois j'ai déjà fait connaître les résultats que m'a fournis, chez quelques éclamptiques, l'épreuve de la perméabilité rénale à l'aide du bleu de méthylène par le procédé de MM. Achard et Castaigne.

Je dois dire que je m'attendais à trouver chez ces malades un trouble dans le fonctionnement du rein, et en particulier un retard dans l'élimination du bleu, comme il en a été observé chez les urémiques. Cette supposition était fort légitime. Du reste, je la trouve exposée par M. Dériaud qui dit, dans sa thèse (21 juillet 1897) en parlant de l'épreuve du bleu chez les femmes enceintes : « On aurait ainsi un supplément d'enquête d'autant moins négligeable que l'albuminurie peut manquer chez des femmes qui deviendront éclamptiques quelques jours plus tard. Or, nous sommes persuadé que ces femmes qui n'ont pas d'albumine élimineraient leur bleu avec un retard marqué, si on faisait chez elles l'expérimentation avec le bleu. De même nous sommes persuadé que chez les femmes enceintes qui ont de l'albumine et n'auront pas d'éclampsie, l'épreuve du bleu montrerait une perméabilité normale. »

Mais les faits viennent rarement confirmer les vues à priori, et j'en eus ici une preuve de plus.

En effet, chez quatre éclamptiques que je soumis à l'épreuve du bleu, je constatai une perméabilité rénale normale ; une cinquième éclamptique que j'ai observée en février 1898, a présenté également une perméabilité normale. Enfin, l'une de ces femmes, qui est morte, n'a jamais présenté d'albuminurie, et cependant le bleu a passé dans son urine dans les délais physiologiques.

De ces recherches, j'ai cru être autorisé à conclure : 1° Chez les éclamptiques ou chez les femmes menacées d'éclampsie, le bleu de méthylène peut passer à travers le rein dans les délais normaux.

2° Chez les éclamptiques, il y a des différences dans la durée de l'élimination de la matière colorante. Chez les unes, le bleu s'élimine rapidement, comme il le fait à travers un filtre rénal sain ; chez les autres, l'élimination est prolongée. Il semble que la durée de l'élimination soit en rapport avec la gravité de la maladie, et indépendante de l'époque de la puerpéralité à laquelle les convulsions se produisent.

3° La précocité de l'apparition du bleu dans l'urine n'a aucune signification pronostique en ce qui concerne l'éclampsie. On ne peut s'appuyer sur la constatation de cette précocité ni pour affirmer qu'une femme enceinte, en travail ou accouchée, ne sera pas exposée à l'éclampsie, ni pour juger du degré de gravité des convulsions éclamptiques si elles se produisent.

4° Il semble résulter de nos observations que l'éclampsie apparaît de préférence chez les femmes dont les reins n'ont pas de lésions anatomiques.

5° Il faut chercher ailleurs que dans une lésion du rein la cause de l'éclampsie puerpérale.

XI. — La température chez les nouveau-nés.

J'ai étudié la température chez les nouveau-nés avec un de mes élèves le Dr Bernard, qui en a fait le sujet de sa thèse inaugurale en 1897.

La littérature est pauvre en recherches sur ce sujet ; aussi ai-je souvent été embarrassé pour répondre catégoriquement aux élèves qui suivaient le service de la Maternité de l'Hôtel-Dieu, quand ils m'interrogeaient sur les indications de la mise en couveuse, fournies spécialement par le degré de température des prématurés. Car il est digne de remarque que les nombreux travaux publiés sur la couveuse ne renferment guère de recherches personnelles sur cette importante question de la température des nouveau-nés, alors pourtant que l'indication primordiale de la couveuse se trouve précisément dans l'affaiblissement de la calorification des jeunes enfants, dont le thermomètre est seul capable d'indiquer le degré avec certitude.

Nos recherches ont porté systématiquement sur tous ou presque tous les enfants nés dans le service pendant plusieurs semaines consécutives ; elles ont trait à plus de trois cents nouveau-nés, à terme ou avant terme, quel que fût leur état de santé. Toutefois il n'a été fait mention, dans la thèse du Dr Bernard, que des enfants ne présentant pas de maladie déclarée, de sorte que les conclusions auxquelles nous sommes arrivés, ne s'appliquent qu'aux cas pour ainsi dire normaux des enfants à terme ou avant terme.

Le fœtus présente pendant l'accouchement une température de 6 à 8 dixièmes de degré supérieure à celle de la mère. Puis, aussitôt après la naissance, sa température s'abaisse brusquement de 1,5 degré en moyenne, pour commencer à remonter, après la douzième heure, et entrer dans la phase de réparation thermique. L'abaissement de température est d'autant plus marqué que les enfants sont plus petits, contrairement à ce qu'avait écrit Eröss.

L'ascension thermique dure de 4 à 5 jours, autant à peu près que la période de diminution de poids de l'enfant. Elle aboutit enfin à une phase de température à peu près constante, pendant laquelle les oscillations diurnes s'effectuent autour d'une température moyenne ou plateau, dont la hauteur dépend du degré de développement de l'enfant.

C'est là un fait important sur lequel l'attention n'avait pas été suffisamment appelée. Ainsi, chez les gros enfants de 3,500 grammes et plus, le plateau est au-dessus de 37°; chez les enfants de 2,000 à 3,500 grammes le plateau est entre 36° et 37°; et enfin la courbe générale est au-dessous de 36° chez les enfants de moins de 2,000 grammes.

L'influence de la mise en couveuse sur la température des nouveau-nés est évidente. Sur quinze cas rapportés,

3 fois la couveuse détermina une ascension thermique de   2 degrés
6.. 1 à 1,5 —
6.. inférieure à 1 —

Je pense donc qu'en dehors des autres indications consacrées (sclérème, etc.), la couveuse doit être ordonnée toutes les fois que la température du nouveau-né est inférieure à la température moyenne physiologique des enfants de même poids, telle que nous l'avons fixée dans notre travail.

XII. — **Allongement hypertrophique du col utérin. Sa pathogénie**, par les Drs Pilliet et Potocki. (*Annales de gynécologie*, mai 1896, p. 385.)

L'allongement hypertrophique de la portion cervicale de l'utérus, sur lequel on a tant écrit depuis Aran et Huguier, nous paraît susceptible d'être étudié à nouveau avec intérêt sur les pièces fraîches.

Le plus souvent, les cols gros et hypertrophiés paraissent être la conséquence d'une infection provenant soit du vagin, soit d'une plaie du col lui-même, la lacération d'Emmet, par exemple. Ils présentent une série de lésions portant sur la muqueuse et le tissu propre du col, lésions sûrement inflammatoires et qui expliquent l'augmentation du tissu fibro-muqueux du col utérin, la dilatation de ses vaisseaux sanguins et surtout lymphatiques, bref l'œdème inflammatoire, d'où résulte l'augmentation de volume de l'organe.

Or, nous avons retrouvé, dans la pièce d'allongement hypertrophique du col utérin qui fait l'objet de cette étude, toutes les lésions du col ulcéré et infecté, qu'on observe dans les hypertrophies moins prononcées du col. L'état des glandes, celui des vaisseaux surtout, montrent suffisamment l'existence de l'inflammation chronique et son rôle actif dans la pathogénie de l'hypertrophie du col.

Ces constatations nous autorisent à penser que l'allongement hypertrophique du col de l'utérus n'est pas une affection spéciale, mais simplement un type particulier de métrite cervicale de l'utérus, consécutive à l'infection de la muqueuse et des tissus profonds du col.

XIII. — Sur la désinfection des mains par le permanganate de potasse. (Extrait du mémoire sur la technique de l'opération césarienne moderne. *Annal. de gynécol.*, décembre 1889, p. 441.)

Je revendique comme personnel le procédé de désinfection des mains par le permanganate de potasse.

J'ai songé à ce procédé de désinfection en 1887, alors que j'étais interne à la Maternité, et j'y ai été conduit par l'examen attentif des diverses manipulations auxquelles on soumet les éponges pour les stériliser. L'une de ces manipulations consiste à tremper les éponges pendant quelque temps dans une solution de permanganate de potasse qui les rend brunes, presque noires, partout où le permanganate agit, et les laisse au contraire blanches là où l'action oxydante du permanganate ne s'exerce pas. Les parties brunes sont stérilisées, car les germes y sont détruits par l'oxygène naissant provenant de la décomposition du sel manganique, les parties blanches doivent être jetées car elles n'ont pas été attaquées.

J'ai pensé alors que l'on pouvait traiter les mains comme les éponges.

La main plongée dans le permanganate devient, en effet, rapidement brun foncé : indice extérieur de la décomposition du sel et de l'oxydation des matières organiques de l'épiderme; là où il y a coloration brune, on est donc sûr de la destruction des microbes, car on en *voit* le résultat. En certains points, l'épiderme ne se colore pas : c'est que la peau y est recouverte d'une substance grasse qui la protège contre l'action du permanganate, de sorte qu'en ces points les microbes, s'il y en a, y séjournent encore avec toute leur virulence et la main n'est pas aseptique.

Ainsi on *voit*, pour ainsi dire, *l'asepsie de la main* : une main devenue *brun foncé* par son séjour dans le permanganate est aussi aseptique qu'une éponge soumise aux manipulations que j'ai décrites. Le permanganate décape la main, comme l'acide décape le métal.

Le traitement au permanganate n'est d'ailleurs pas substitué aux diverses manipulations par lesquelles on assure la désinfection des mains : savonnage, brossage, alcool, etc., il n'en est que le complément.

Grâce aux manipulations que je recommande, l'opérateur peut être certain de l'asepsie de ses mains et, ce qui est très important, de l'asepsie des mains de ses assistants. Il lui suffit pour cela de voir si, sous l'action du permanganate de potasse, leurs mains sont devenues noires sur toute leur étendue. Ce procédé me paraît préférable à celui conseillé par Belajeff, qui fait colorer les mains au bleu d'outre-mer, et les fait brosser jusqu'à ce que la coloration des mains ait disparu ; c'est qu'en effet, le permanganate est, par lui-même, un antiseptique capable de détruire les microbes déposés sur les mains, de plus ce corps est très maniable, bon marché ; enfin, il suffit de plonger ensuite les mains, pendant quelques instants, dans une solution de bisulfite de soude, pour les décolorer complètement.

OBSERVATIONS

I. — OBSTÉTRIQUE

Observations dans lesquelles le palper mensurateur a été appliqué à la recherche du rapport existant entre le volume de la tête du fœtus et les dimensions du bassin.
(In Le Cudennec. *Thèse de Paris*, 1891.)

Dans une des observations que j'ai communiquées à l'auteur, il s'agissait d'une femme accouchant pour la huitième fois et qui avait subi en ville plusieurs tentatives de forceps. L'enfant était extrêmement volumineux (utérus mesurant 42 centimètres de hauteur), et la tête, non engagée, débordait manifestement le pubis, ainsi que le démontrait le palper mensurateur. L'enfant fut extrait par une application de forceps très difficile, et, après des tractions énergiques, la tête traversa le détroit supérieur en produisant un ressaut. L'enfant avait succombé depuis quelques heures. Il pesait 6 kilogr. 150 gr. et sa tête mesurait 15 c. 8 de diamètre O.M.; 12,3 de diamètre O.F., et 10,6 de diamètre B.P. Le bassin n'était pas rétréci, mais la tête ayant un volume exagéré, il y avait disproportion entre les dimensions de l'un et de l'autre, disproportion que le palper mensurateur nous avait indiquée. Le palper mensurateur ne donne pas les dimensions absolues de la tête et du bassin, mais dans nombre de cas, il permet d'obtenir des renseignements précis sur le rapport qui existe entre elles, c'est-à-dire sur ce qu'il importe particulièrement à l'accoucheur de connaître.

Application du levier-mensurateur de Farabeuf à la mensuration de la tête fœtale pendant la vie intra-utérine.
(In Denys. Thèse de Paris, 1897.)

Dans un cas de viciation pelvienne où la terminaison artificielle de l'accouchement était rendue nécessaire par la souffrance du fœtus, j'appliquai le levier-mensurateur-préhenseur qui m'indiqua 9 centimètres comme diamètre transverse maximum de la tête. Le bassin mesurant 9,2 centim. au pelvimètre de Farabeuf, je pensai que la tête passerait à travers la filière pelvienne, sans symphyséotomie préalable (la section de la symphyse ayant été écartée pour des raisons particulières). Mais le levier fut impuissant à engager la tête. J'appliquai alors le forceps Tarnier et très rapidement parvins à extraire un enfant vivant de 3,320 gr. et qui vécut.

Le diamètre bipariétal mesuré aussitôt après la naissance était de 9 centim. ; deux jours plus tard il était de 9,4 centim.

Dans ce cas, le levier-mensurateur de Farabeuf m'a permis de mesurer avec une grande exactitude les dimensions transversales de la tête fœtale.

De l'accouchement provoqué. *(La Médecine moderne*, mars 1891.)

J'ai résumé, dans un but de vulgarisation, des leçons professées par M. le professeur Pinard, à la Clinique Baudelocque, sur l'accouchement provoqué, ses indications, ses résultats et sa technique. Les indications fournies par le palper mensurateur et les avantages du ballon de Champetier de Ribes, y sont plus particulièrement exposés.

Application du ballon de Champetier de Ribes dans les cas de procidence du cordon ombilical.

Dans la thèse de Me Boyer (Paris, 1892), on trouve plusieurs observations de procidence du cordon, recueillies à la Clinique

Baudelocque, dans lesquelles l'emploi du ballon de Champetier de Ribes m'a permis d'obtenir rapidement une dilatation complète et de terminer l'accouchement par le forceps ou la version, sans que le fœtus ait souffert du fait de la compression du cordon.

Observations de rupture artificielle des membranes avant la dilatation complète. (In Thèse de Gazard, Paris, 1892.)

Quand la dilatation de l'orifice utérin ne progresse pas et reste stationnaire pendant plusieurs heures, quoique la tête soit profondément engagée et les contractions utérines fréquentes et énergiques, il existe une tension constante de la poche des eaux. La dystocie tient, dans ce cas, à un défaut d'extensibilité des membranes ou à un décollement insuffisant de ces dernières, qui sont en outre trop résistantes pour se rompre. La rupture artificielle des membranes est alors indiquée et en quelques minutes la dilatation se complète. Dans plusieurs faits, rapportés dans cette thèse, j'avais rompu les membranes à une dilatation comme un franc ou deux francs, la dilatation s'est complétée en quelques minutes.

Observation de malformation de l'utérus et du vagin chez une femme enceinte. (In Thèse de Picot, Paris, 1891).

L'existence de deux vagins et de deux utérus peut fort bien passer inaperçue, même chez une femme enceinte. Dans un cas rapporté dans cette thèse, il s'agissait d'une femme enceinte de cinq mois chez laquelle l'enfant était mort. Au palper, je trouvai, à côté d'une tumeur molle contenant le fœtus, une autre tumeur ayant la forme, le volume et la consistance d'un utérus hypertrophié, comme il l'est dans une grossesse extra-utérine. Mais, sous ma main, la tumeur molle durcit, c'était donc le globe utérin gravide, de sorte que le diagnostic de grossesse utérine s'imposait (il y a cependant des kystes de grossesse tubaire qui se contractent). Qu'était donc la petite tumeur? Un fibrome? Un utérus ? Si c'est un second utérus, il y a probablement deux vagins, et, de fait, l'examen montra l'existence de deux orifices vulvaires et de deux vagins, le plus large correspondant à l'utérus gravide. La femme entra bientôt en travail et elle expulsa, par l'utérus gravide, un fœtus macéré et, par l'utérus vide, une caduque.

Dans ce cas, le palper seul avait mis sur la voie du diagnostic.

Observations d'extraction manuelle du placenta retenu dans l'utérus après l'avortement et l'accouchement à terme.

Observations dans lesquelles la dilatation artificielle de l'utérus, obtenue à l'aide du ballon de M. Champetier de Ribes, me permit de pénétrer dans l'utérus tant après l'avortement qu'après l'accouchement à terme, pour extraire *manuellement* le placenta ou les cotylédons placentaires retenus dans l'utérus et donnant lieu à de la septicémie ou à des hémorrhagies.

Ces observations ont été publiées dans la thèse du Dr Bourgogne. Paris, 1891.

Trois observations de phlébite puerpérale. (Ces observations figurent dans le *Traité des maladies puerpérales* de F. Siredey, 1881.)

Dans l'une (obs. XXXVII) il s'agissait d'une phlegmatia ; la malade mourut subitement, le quatorzième jour des couches, et, à l'autopsie, je trouvai le tronc de l'artère pulmonaire et ses deux branches bouchés par un énorme caillot migrateur, pelotonné sur lui-même, qui, déroulé, mesurait 30 centim. En disséquant le membre inférieur gauche, je vis que la veine fémorale et la veine poplitée étaient vides de sang, tandis qu'au-dessous les deux veines tibiales postérieures étaient obstruées par un caillot absolument semblable à celui qui existait dans l'artère pulmonaire. Quant au caillot migrateur, il s'appliquait très exactement aux parois des veines fémorale et poplitée.

Dans la seconde observation (obs. XLII), la phlébite s'étant compliquée d'infection purulente, il se produisit des abcès du poumon, de la pleurésie purulente et des arthrites suppurées.

Enfin, dans la troisième observation (obs. L), il y eut également de l'infection purulente caractérisée par des abcès du poumon, de la péricardite purulente et un abcès de la cuisse. Ce que l'autopsie montra de plus intéressant ici, ce fut le ramollissement et l'aspect puriforme des caillots des veines fémorales, des veines iliaques externes, internes et primitives, et même de la veine cave depuis sa bifurcation jusqu'à l'embouchure des rénales. Un immense abcès, dans lequel s'ouvrait la veine fémorale, occupait la cuisse gauche.

Éclampsie puerpérale avec ictère. (In Pilliet et Létienne. Lésions du foie dans l'éclampsie avec ictère; leurs rapports avec les lésions hépatiques de l'éclampsie vulgaire. *Nouvelles Archives d'obstétrique*, 1889, p. 316.)

La femme, qui fait le sujet de cette observation, avait eu quatre accès éclamptiques en ville, et un seulement à la Maternité, où on l'a soumise immédiatement aux inhalations de chloroforme et au chloral.

L'accouchement se fit spontanément, et la délivrance fut suivie d'une hémorrhagie qui céda rapidement aux injections intra-utérines très chaudes. Aussitôt après l'accouchement, la malade prit une teinte ictérique, et tomba dans un état comateux qui se termina par la mort, six heures plus tard.

Les seules lésions importantes constatées à l'autopsie furent celles du foie, dans lequel on trouva — ce qui, à l'époque, n'était pas encore devenu classique — le piqueté et les hémorrhagies sous-capsulaires, ainsi que la dilatation des capillaires, les hémorrhagies et les foyers de nécrose autour des espaces portes.

Cancer de l'utérus. Mort pendant la grossesse. (In Pilliet. *Progrès médical*, 1888.)

Le col, dans presque toute son étendue, envahi par le néoplasme, avait un tel volume qu'il occupait presque entièrement l'excavation pelvienne, de sorte que, seule, l'opération césarienne eût permis de délivrer la femme. Cette femme était, en outre, atteinte de tuberculose pulmonaire à la troisième période et avait des accès de dyspnée fréquents et très intenses, si bien qu'elle succomba dans le cours de l'un d'eux. Le fœtus était mort et on ne pratiqua pas l'opération césarienne post mortem.

L'autopsie montra que le nerf pneumogastrique était emprisonné dans une masse tuberculeuse, et même envahi par la tuberculose, lésion qui, en l'absence d'altérations du larynx, explique la production des accès dyspnéiques.

II. — NOUVEAU-NÉ

Vices de conformation multiples chez un fœtus. Hernie diaphragmatique congénitale. Communication des deux ventricules du cœur. Anomalie de l'aorte et des gros vaisseaux. Bec-de-lièvre bilatéral compliqué. Trois germes d'incisives de chaque côté ; la fissure passe entre l'incisive médiane et l'incisive externe. (*Bulletin de la Société anat.*, 1888.)

L'aorte semblait naître du ventricule droit et ne communiquait pas avec le ventricule gauche. De ce dernier partait seulement un canal assez étroit, présentant deux valvules sigmoïdes, et qui se bifurquait plus haut pour fournir les deux artères carotides.

L'examen du bec-de-lièvre a été fait par M. Broca et confirme l'opinion d'Albrecht. Le tubercule osseux est formé de deux petites masses juxtaposées, mobiles l'une sur l'autre. Chacune d'elles renferme deux incisives. Les arcades dentaires postérieures renferment deux molaires, la canine, une incisive assez mal formée, mais cependant bien reconnaissable.

Malformations chez un fœtus de six mois. (*Bulletin de la Société anat.*, novembre 1886.)

Ces malformations portaient principalement sur le système nerveux et sur le cœur.

Hernie diaphragmatique congénitale par arrêt de développement du diaphragme. Absence de la moitié droite du muscle. (*Bulletin de la Société anatomique*, avril 1886.)

L'arrêt de développement du diaphragme portait surtout sur la moitié droite de ce muscle, mais à gauche, le vice de conformation existait aussi, car on y remarquait un orifice grand comme une pièce de 2 francs. Dans le thorax, on trouvait à droite le foie et le paquet intestinal, à l'exception du duodénum et du côlon descendant ; à gauche, la rate.

La plèvre présentait, à droite, une disposition intéressante : « au niveau de la paroi interne (face droite du médiastin) on la voit envoyer derrière le péricarde un grand prolongement en cul-de-sac qui passe entre l'aorte située en avant et l'œsophage situé en arrière, prolongement qui fait une saillie d'un centimètre environ dans la partie gauche du thorax ; les deux plèvres sont adossées en ce point. »

Cette disposition de la plèvre a fait le sujet d'un intéressant travail de MM. Quénu et Hartmann.

Tumeur du pancréas chez un fœtus de 7 mois, mort-né.
(*Bulletin Soc. anat.*, juillet 1887.)

Cette tumeur était constituée par le pancréas très hypertrophié, d'une dureté cartilagineuse, homogène à la coupe, et offrant en son centre un canal très dilaté, terminé en cæcum, et dans lequel on pouvait introduire une sonde cannelée.

Observations d'ascite chez le fœtus.

J'ai recueilli plusieurs observations, dans lesquelles l'ascite du fœtus coïncidait avec des lésions de la peau ou des viscères, manifestement de nature syphilitique. Toujours le placenta était très volumineux, et pesait entre 900 et 1,200 grammes.

Ces observations sont publiées dans la thèse du Dr Angelby, 1887.

Imperforation de l'intestin grêle chez un nouveau-né.
(In thèse de Ducros. Paris, 1895.)

L'enfant, qui fait le sujet de cette observation, naît vigoureux et paraît bien conformé. Deux jours après la naissance, le 16 décembre 1887, il n'a pas encore expulsé de méconium, avale difficilement et vomit une partie du lait qu'on lui donne. Puis il s'affaiblit, s'engourdit, vomit de plus en plus et ne rend par l'anus qu'une très faible quantité de matières grisâtres. Il meurt le cinquième jour. A l'autopsie, on trouve une oblitération complète sur le trajet du jéjunum, avec une dilatation énorme de la portion de l'intestin grêle située en amont, et une rétraction considérable de l'iléon situé au-dessous de l'obstacle.

Dans le cas particulier, la vie de l'enfant n'eût pu être assurée que par le rétablissement de la continuité de l'intestin ; certes une opération palliative, telle que l'opération de Little, eût bien permis l'évacuation du contenu de la partie supérieure du tube digestif, mais comme la plus grande étendue de l'intestin n'eût pas fonctionné, la digestion et l'absorption eussent été insuffisantes et l'enfant eût quand même succombé de l'inanition.

III. — MÉDECINE ET CHIRURGIE

Kystes hydatiques de l'excavation pelvienne. Kystes principal développé aux dépens de l'ovaire gauche. Ponction. Suppuration. Incision. Mort. (*Bulletin de la Société anatomique*, avril 1886.)

Il y avait chez cette femme, outre un grand kyste pelvien, une série de kystes moins volumineux, disséminés dans l'abdomen.

Kystes hydatiques de l'abdomen et du bassin. Laparotomie Guérison rapide. (*Bull. Société anat.*, juillet 1887.)

Le petit bassin était rempli de kystes hydatiques ; quant au grand épiploon, il ressemblait à un large filet, dans lequel des kystes de volume très variable étaient emprisonnés.

M. Bouilly pratiqua la laparotomie. Tous les kystes furent extirpés, le grand épiploon réséqué et la cavité abdominale lavée avec de l'eau stérilisée. La malade guérit.

Coliques hépatiques. Angiocholite et périangiocholite suppurées. Ouverture d'un abcès biliaire dans le péritoine. Péritonite généralisée. Mort. (*Bulletin Société anat.*, juillet 1886.)

Cancer massif du foie. Généralisation aux poumons. (Communication faite avec M. Hischmann. *Bulletin Société anat.* février 1887.)

Rétrécissement congénital de l'artère pulmonaire.
(In Durey-Comte. Thèse Paris, 1887.)

Observation de rétrécissement congénital avec insuffisance de l'artère pulmonaire, coïncidant avec la persistance du trou de Botal. Le diagnostic que j'avais porté pendant la vie, fut confirmé à l'amphithéâtre ; la femme succomba à un abcès du cerveau.

TABLE DES MATIÈRES

	Pages
PUBLICATION DIDACTIQUE........	5
TRAVAUX ORIGINAUX......	7
I. — De l'opération césarienne et en particulier de l'opération césarienne avec double suture de l'utérus............	7
II. — Technique de l'opération césarienne moderne......	10
III. — Des méthodes d'embryotomie. Des instruments destinés à pratiquer l'embryotomie rachidienne et en particulier de l'embryotome rachidien du professeur Tarnier............	15
IV. — De l'abaissement prophylactique et curatif du pied dans la présentation du siège décomplété, mode des fesses...........	29
V. — Remarques sur la nécessité de préciser le degré d'engagement d'après des points de repère fixes.........	37
VI — Dilatation artificielle du vagin et de la vulve avant l'extraction.	38
VII. — Recherches expérimentales relatives à l'agrandissement du diamètre transverse du détroit inférieur du bassin...........	40
VIII. — De l'adaptation de la tête fœtale à l'arcade des pubis dans les cas de rétrécissement bi-ischiatique..............	42
IX. — Recherches relatives aux dimensions du membre inférieur chez les nouveau-nés	43
X. — Sur la perméabilité rénale chez les éclamptiques.......	45
XI. — La température chez les nouveau-nés...	46
XII. — Allongement hypertrophique du col utérin. Sa pathogénie.	48
XIII. — Sur la désinfection des mains par le permanganate de potasse.	49
OBSERVATIONS............	51
I. — Obstétrique...	51
II. — Nouveau-né............	57
III. — Médecine et chirurgie..........	60

IMPRIMERIE LEMALE ET Cie, HAVRE

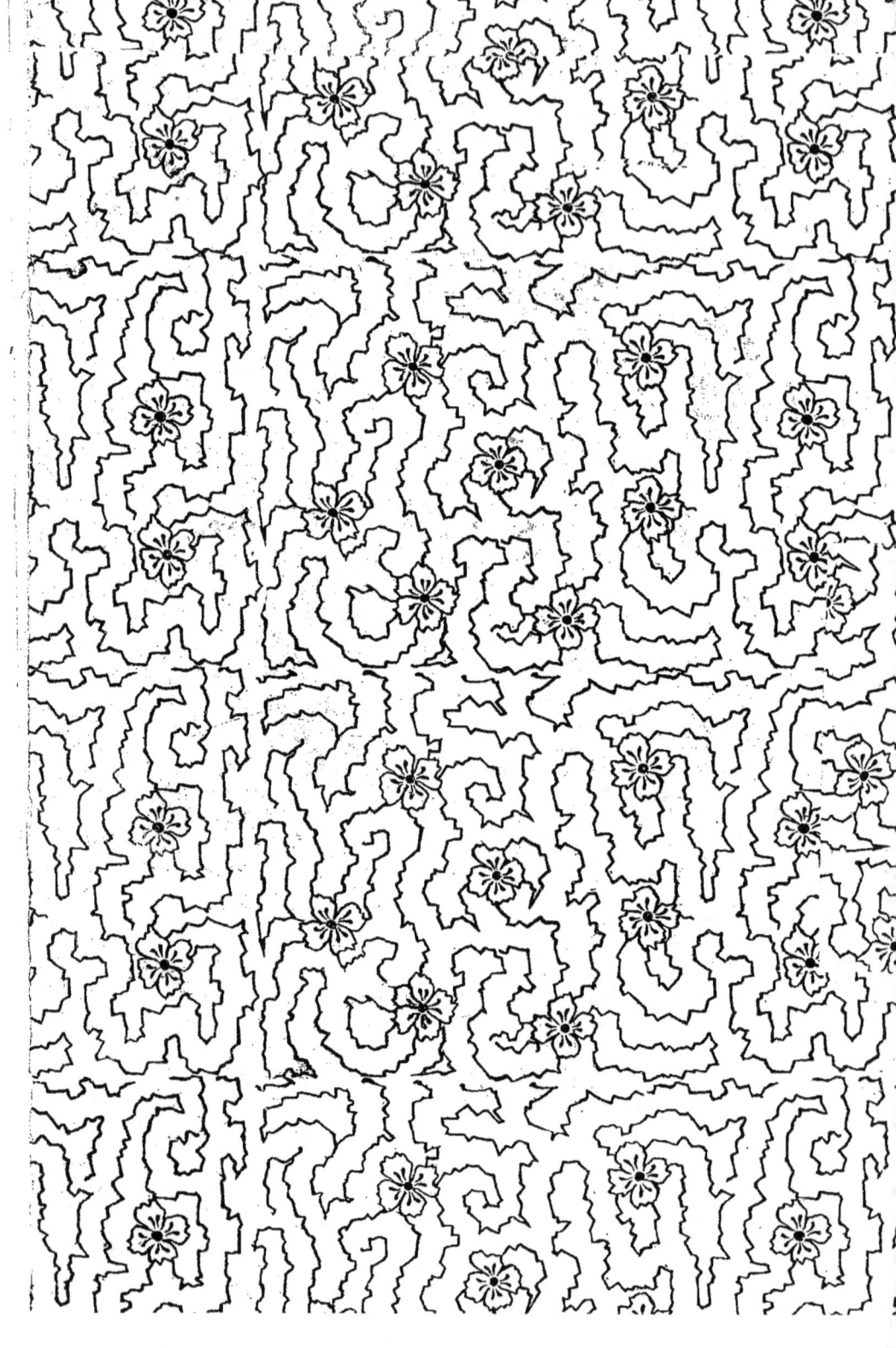

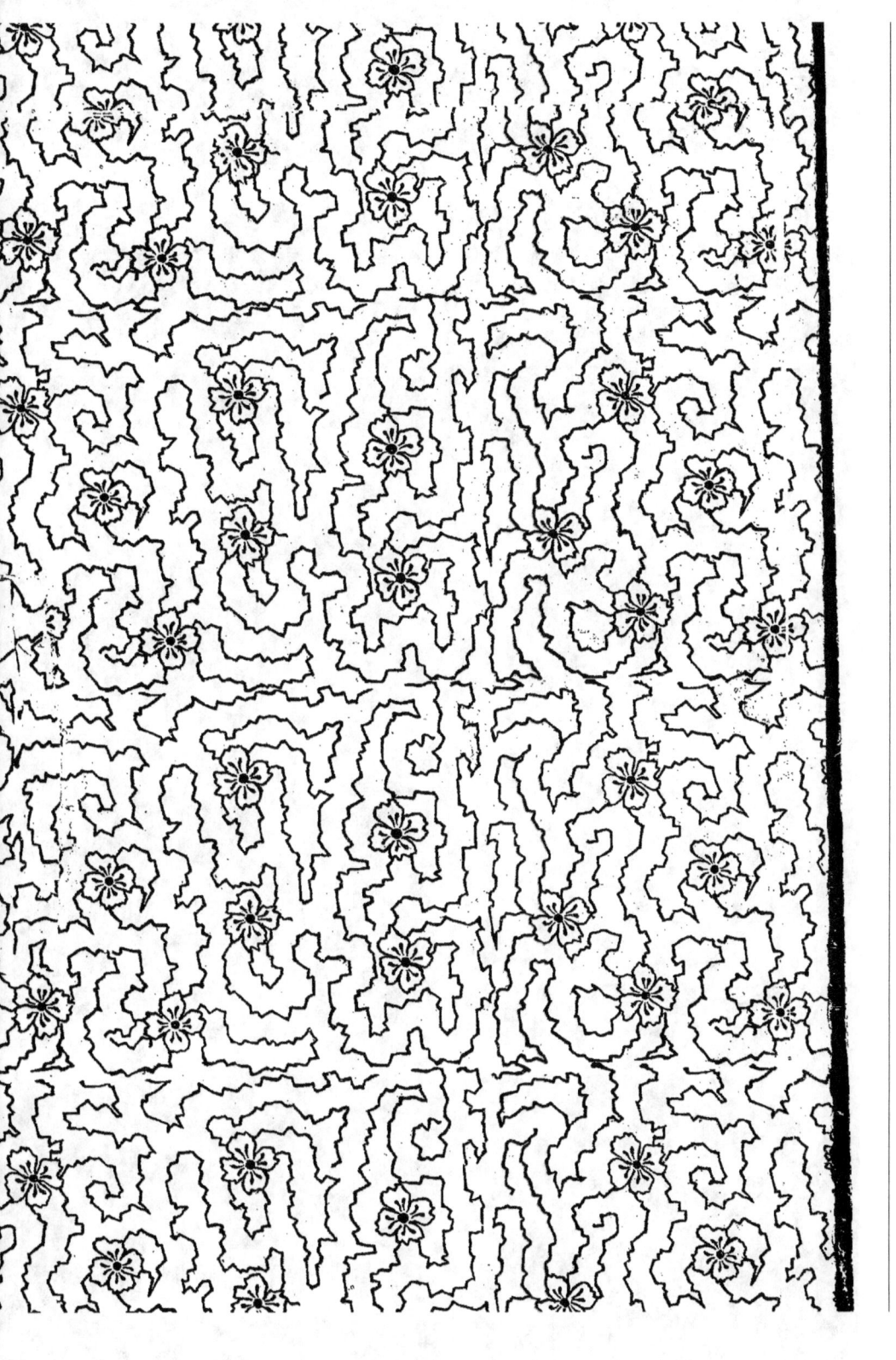

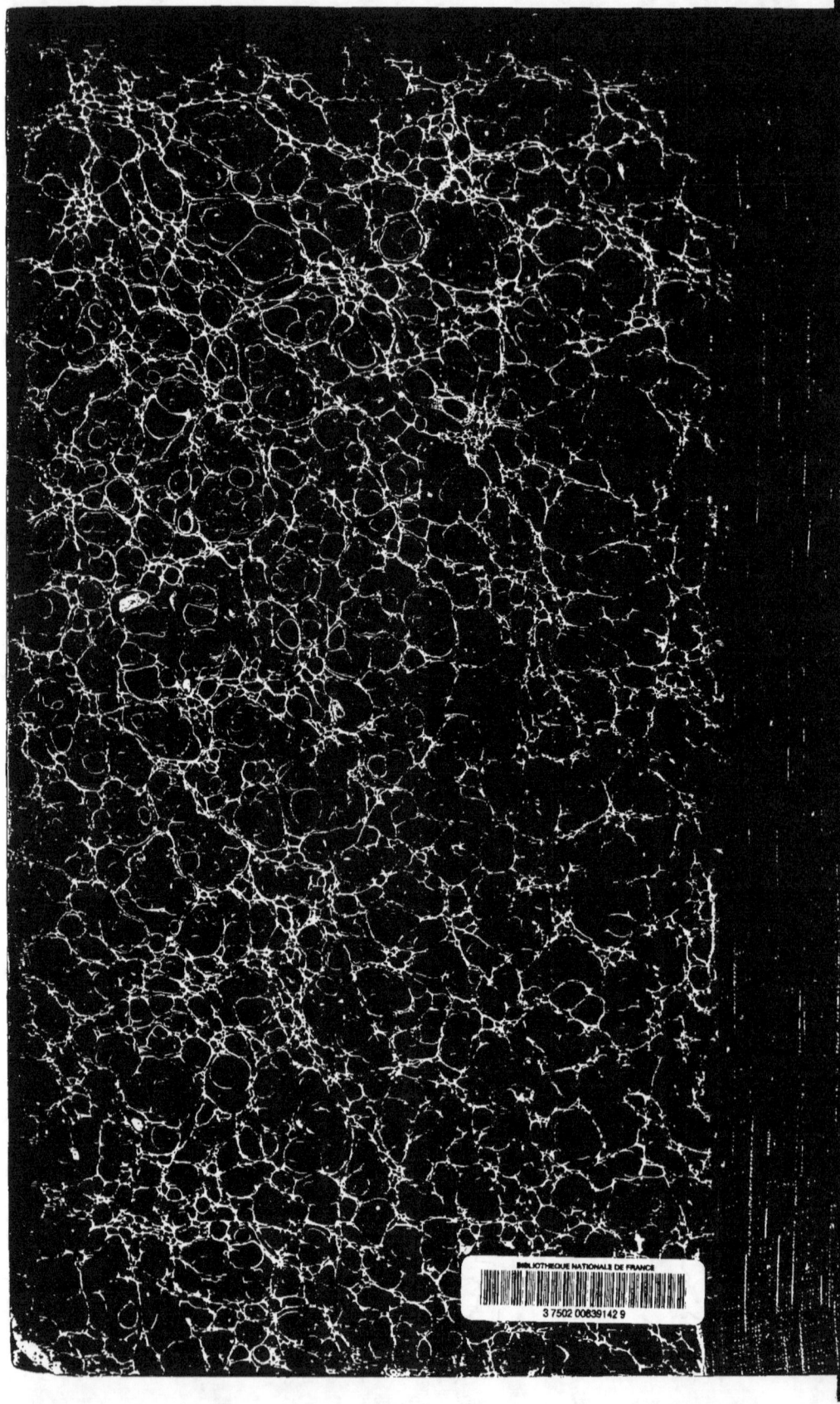

www.ingramcontent.com/pod-product-compliance
Lightning Source LLC
LaVergne TN
LVHW022113080426
835511LV00007B/782